Prozessakte Gott

Bild: lichtbrenner
www.lichtbrenner.de

Judas Aries (Pseudonym für Hubert Berghaus) wurde am 15. April 1960 im Münsterland, Norddeutschland, geboren. Der gelernte Diplom-Verwaltungswirt war seit Mitte der 90er Jahre über einen Zeitraum von sechzehn Jahren zuletzt als Kriminalhauptkommissar im Bereich Polizeilicher Staatsschutz tätig. Hierbei befasste er sich hauptsächlich mit politisch motivierten Straftaten, Extremismus und Terrorismus. Die polizeiliche Kommissionsarbeit und sein unerschütterlicher Glaube an eine wahre Schöpfungskraft brachten ihn auf die Idee zu einer literarischen Abhandlung über Gott und dessen Missbrauch. Hinter der Entstehung seiner Werke stehen Optimismus, Idealismus, aber vor allem auch das Bedürfnis eines globalen polizeilichen Staatsschutzes für die Freiheitsrechte der Bevölkerung. Judas Aries lebt im Kreis Steinfurt in Nordrhein-Westfalen.

www.judas-aries.de

Judas
Aries

Prozessakte Gott

Untersuchung einer kriminellen Vereinigung mit terroristischen Zügen

Basierend auf der Sachbuchtrilogie
„Das Unternehmen Gott"
von Judas Aries

Bibliografische Information der Deutschen Nationalbibliothek
Die Deutsche Nationalbibliothek verzeichnet diese Publikation
in der Deutschen Nationalbibliografie; detaillierte bibliografische
Daten sind im Internet über http://dnb.d-nb.de abrufbar.

© 2014 Judas Aries

Umschlagillustration: Rael Wissdorf, unter Verwendung von Michelangelos
Die Erschaffung Adams
Satz, Herstellung und Verlag:
BoD – Books on Demand

ISBN 978-3-7322-6504-6

Inhaltsverzeichnis

Vorwort –
wichtig für das Verständnis dieses Buches

Diese Lektüre basiert auf meiner grundlegenden Sachbuchtrilogie[1], mit der ich die folgende Hypothese untersucht habe:

Gott und Engel unseres Monotheismus könnten eine reale außerirdische Macht sein, die das dem Menschen immanente Gottesstreben eigennützig und erfolgreich auf sich umgelenkt hat.

Für das Erfassen dieses Werkes müssen Sie den Dreiteiler *Das Unternehmen Gott* nicht gelesen haben, weil ich hiermit die Quintessenz der Trilogie präsentiere. Der Kern der Sache fußt auf einem dreistündigen Referat, mit dem ich meine Indizienbeweisführung an ausgewählten Beispielen überschaubar auf den Punkt gebracht habe.

Nach der Erstellung des Referates kam mir die Idee, den Vortrag in Buchform umzusetzen, um damit auf eine einfache Weise bei den bisherigen Nichtlesern das Interesse und das Verständnis für meine Untersuchung zu wecken. Denken Sie also daran, dass diese Schrift das Lesen der Trilogie nicht ersetzen kann. Die Herleitung der Indizienbeweislage, das notwendige Hintergrundwissen sowie die Quelleninformationen sind den drei grundlegenden Veröffentlichungen vorbehalten.

Gleichwohl wird dieses Buch auch für die Leser der dreiteiligen Publikationen hilfreich und lohnenswert sein. Hilfreich deshalb, weil sie damit eine überschaubare Präsentation meiner Untersuchungsmethode erhalten, und lohnenswert darum, weil ich neue Erkenntnisse

---

[1] Aries, Judas: *Das Unternehmen Gott*; Books on Demand, Norderstedt 2009; *Das Unternehmen Gott, Teil II*, BoD, Norderstedt 2011; *Das Unternehmen Gott, Teil III*; BoD, Norderstedt 2012

einflechte, auf die ich erst bei der Vorbereitung des Referates gestoßen bin. Für die Erklärung, worum es sich dabei handelt, lassen Sie mich eine Frage voranstellen, die mir mehrfach gestellt wurde:

Wie kommt ein Kriminalist dazu, in Gott eine tatsächlich existierende Macht aus Fleisch und Blut zu vermuten?

Hobbypsychologen mit dem Volkshochschulzertifikat „Zeige mir, wie du sitzt, und ich sage dir, wer du bist" wissen von vornherein die Antwort. Sie erkennen reflexartig die Aufbereitung geistig-seelischer Defizite, von Sinnkrisen, unbewältigten Weltanschauungsfragen und ähnlichen Schwachsinn.

Die Antwort auf die Frage nach meinem Beweggrund lautet: Ratio und Logos. Das ist der vernünftige Blick auf einen physikalisch durchaus erklärbaren universellen Geist im quantentheologischen Sinne.

Ich rede einerseits von gesunder Neugier, gepaart mit Neutralität und einem sachlichen Blick auf den Naturzustand unseres Universums, und andererseits von der offensichtlichen Diskrepanz zwischen der berechtigten Quantentheologie und dem lebensnahen Gottestheater in den religiösen Schriften.

Die wahre Schöpfungskraft des Universums fabriziert ganz sicher keine handfeste Replik ihrer selbst, um darüber als universeller Wundertäter Besitzansprüche für unseren relativ nichtigen Planeten geltend zu machen.

Mit meinem Dreiteiler habe ich bisher das untersucht, was für jeden Menschen lesbar vorliegt. Das sind die religiösen Schriften in Buchstabenform. Grundsätzlich zählen aber auch Bilder zu den Schriften, so auch das *Turiner Grabtuch* und das *Schweißtuch der Veronika*. Erst nach der Erstellung meiner Sachbuchtrilogie wurde ich auf die zwei weltbekannten Objekte aufmerksam. Beide Tuchbilder sollen aus der Hand des biblischen Gottes stammen. Der normal gebildete Mensch kann die Impressionen nur bis zu einem gewissen Grad „lesen". Die Bearbeitung zwischen den Zeilen obliegt den Forschern verschiedener Fachgebiete. Deren Untersuchungsergebnisse bereichern die Szenerie der Glaubenden und der Anhänger diverser Fälschungstheorien um das Lager der Wissenschaftler, die sich an dem Tuch die Zähne ausgebissen haben.

Um das Ergebnis vorwegzunehmen: Das *Turiner Grabtuch* gilt ausdrücklich als das am gründlichsten erforschte Textilstück unserer Erde. Noch vor nur vier Jahren sind Wissenschaftler zum wiederholten Male zu dem Ergebnis gekommen, das wir das Tuchbildnis selbst mit unserer modernsten Technologie nicht reproduzieren können. Obendrein ist kein Objekt der Archäologie so kompatibel mit jedem Detail der Passionsgeschichte!

Damit sind wir bei dem erweiterten Thema dieses Buches. Mit diesem Werk könnte ich eine brisante Lösung zu dem Ursprung der Tücher anbieten. Ich gebe sowohl den Glaubenden als auch den Skeptikern Recht, weil ich in der Subsumtion zu meiner Sachbuchtrilogie *Das Unternehmen Gott* tatsächlich den selbsternannten Gott unseres Monotheismus als den fliegenden Tuchhändler ansehe. Die wahre Quantenmagie unseres Universums webt zweifellos keine Tücher, um damit den Menschen auf der Erde ein religiöses Führungsmittel an die Hand zu geben.

Winken Sie nicht ab. Mir ist der ausufernde Reliquienschwachsinn sehr wohl bewusst. Vom Kreuz Jesu ist so viel Holz im Umlauf, dass ein Zimmermann einen Dachstuhl daraus fabrizieren könnte. Würde man die kursierende Vorhaut Jesu zu Leder verarbeiten, dann reichte die Menge für die Herstellung eines Reisekoffers. Von der Muttermilch Marias und den Windeln Jesu ganz zu schweigen.

All dieser Unsinn zeigt aber nur, wie leicht Gott es hätte, die Menschen mit echten Führungsmitteln aus seiner Fälscherwerkstatt bei der Stange zu halten!

9

Um das Ergebnis vorwegzunehmen: Das *Turiner Grabtuch* gilt ausdrücklich als das am gründlichsten erforschte Textilstück unserer Erde. Noch vor nur vier Jahren sind Wissenschaftler zum wiederholten Male zu dem Ergebnis gekommen, das wir das Tuchbildnis selbst mit unserer modernsten Technologie nicht reproduzieren können. Obendrein ist kein Objekt der Archäologie so kompatibel mit jedem Detail der Passionsgeschichte!
Vor dem Hintergrund des Unternehmens Gott sehe ich eine Synthese in der kontroversen Glaubensfrage nach dem Urheber des Tuches. Die Lösung könnte lauten: Das Tuch ist authentisch und es ist zugleich ein Fake, das heißt, es könnte eine Urkundenfälschung aus Gottes Hand sein, also ein echtes Führungsmittel aus Gottes Fälscherwerkstatt, mit der die biblischen Handlungen abgezeichnet werden.

Dieser Verdacht kann <u>nur dann</u> begründet sein, wenn sämtliche wissenschaftlichen und sonstigen methodisch erhobenen Untersuchungsergebnisse wahr sind und wenn die Reliquien nach wie vor original sind. Ich sagte es bereits, auch Bilder zählen zu den Schriften. Es existiert aber kein antiker Begleittext zu den Tüchern, mit denen Gott sich als der Urheber der Tuchbilder präsentiert. Hier sind wir alle auf das Lesen zwischen den Zeilen seitens der Wissenschaftler verschiedener Fachgebiete angewiesen. Ob deren Arbeit unser Vertrauen verdient und welche Brisanz dann in den beiden Tüchern stecken kann, das werde ich Ihnen mit diesem Buch nahebringen.

Letzten Endes präsentiere ich Ihnen sogar eine gewagte These zur Dreifaltigkeit. Möglicherweise ist die Dreifaltigkeit ein Objekt aus Gottes Hand, welches jeder von uns besichtigen kann!

Kapitel I

Die Untersuchungsmethode

Nur fünf Gedankenschritte

Kann man Gott im Sinne der von mir aufgestellten Hypothese überhaupt untersuchen? Wer an Gott glaubt, der hinterfragt ihn nicht. Und wer nicht an ihn glaubt, der erkennt wohl eher keinen Sinn in einer solchen Betrachtung. Machen Sie sich frei von diversen religionspolitischen Streitereien und richten wir unser Augenmerk mit fünf Gedankenschritten ausschließlich auf den Verursacher dieser Querelen: auf Gott.

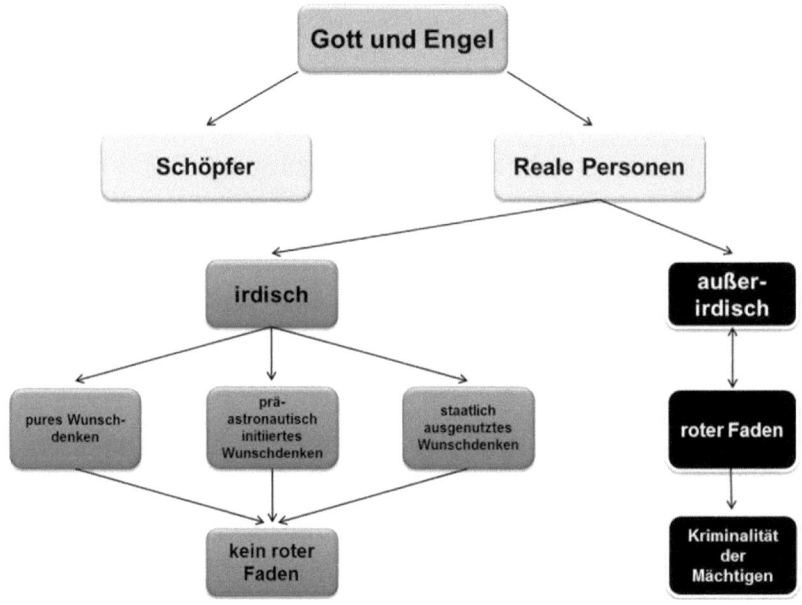

Grafik zu den fünf Gedankenschritten; © Hubert Berghaus

Erster Gedankenschritt
Der Gott unseres Monotheismus ist in den Köpfen der halben Erdbevölkerung verankert. Das ist ein Fakt.

Zweiter Gedankenschritt
Für diese Tatsache gibt es nur zwei Erklärungen: Entweder handelte die Schöpfungskraft im Sinne des religiösen Glaubens oder es stecken reale Personen dahinter. Wer nicht daran glauben mag, dass sich die wahre Schöpfungskraft des Universums in Personen aus Fleisch und Blut verwandelt hat, um mit viel Geschick einen Besitzanspruch auf uns und unsere Erde zu reklamieren, der muss sich zwangsläufig auf die realen Personen einlassen.

Dritter Gedankenschritt
Reale Personen können nur irdischer oder außerirdischer Art sein. Sollte die Gottesgeschichte irdischen Ursprungs sein, dann wären drei Varianten denkbar:

1. Man könnte annehmen, dass der Glaube an Gott auf reinen Wunschvorstellungen basiert. Das würde bedeuten, Gott wäre das Produkt natürlicher Bestrebungen und Empfindungen. Demnach wären die heiligen Schriften zum Beispiel

   - ein Produkt menschentypischer Fragen nach dem persönlichen Sein und dem Lebenssinn,
   - ein Ausgleich zu dem unerträglichen Gedanken, dass der Mensch zwar weiß, dass er ist, aber nicht sein müsste,
   - eine Möglichkeit, eine die sinnlichen Erfahrungen überschreitende Heimat zu schaffen,
   - eine Befriedigung des Bedürfnisses, gesehen und aufgenommen zu werden,
   - ein neurophysiologisches Erzeugnis in Form der Umsetzung

der Mythen in gefühlte Erfahrungen,
- das Ergebnis einer Art „Gottesgen".

Doch dann wäre die gesamte Gottesgeschichte ohne einen roten Faden, denn allein das Wunschdenken kann keine kontinuierliche, homogene und komplexe Schrift entstehen lassen.

2. Eine weitere Möglichkeit für die Entstehung der religiösen Schriften wäre das natürliche Streben nach Gott, bestärkt durch die Besuche so genannter Astronautengötter in der Frühzeit. Natürlich könnte man in einem ersten Ansatz die Meinung vertreten, dass frühzeitliche Besuche Außerirdischer unbeabsichtigt den Götterkult verursachten und dass der Mensch in seiner Gottessehnsucht darüber Gott entstehen ließ. So geht man in der Prä-Astronautik dazu über, das *Alte Testament* vom *Neuen Testament* zu separieren und im *Alten Testament* wiederum nur die Bücher auszuwählen, die ein starkes Indiz für die Götterkulthypothese sind.

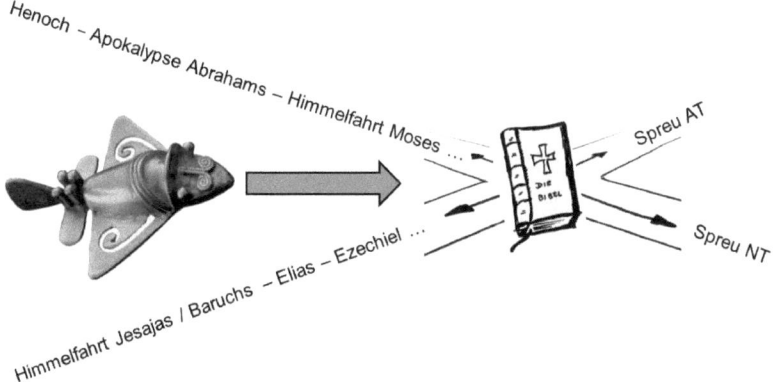

Gerade deshalb dürften wir auch in diesem Fall keine kontinuierliche, homogene und komplexe Schrift mit durchgängig ein und demselben Täterprofil erwarten.

3. Die dritte Variante bestünde aus irdischen Machthabern, die die Gottessehnsucht des Menschen für eigene Machtzwecke missbraucht haben könnten. So hätten verschiedene Regenten epochenübergreifend eine persönliche Anbindung zu Gott vorgegeben, eine Priesterschaft aufgebaut und sich machtvoll zwischen das Volk und den angeblichen Gott gestellt.

Nun gut, aber bedenken wir Folgendes: Jeder König hatte in seinem kurzen Herrscherleben reichlich Arbeit mit der Innen- und Außenpolitik sowie grundsätzlichen Verwaltungsangelegenheiten, von der nicht so seltenen Kriegsführung ganz zu schweigen. Welchen Grund sollte ein Herrscher gehabt haben, nach der Krönung die Priesterschaft am Hofe prioritär anzuweisen, doch bitte schön alle bis dahin verfassten religiösen Schriften zu sichten, zu sortieren und zu lesen, nur um eine fortlaufende stimmige Story anzuhängen? Das wäre lebensfremd. Der drohende Zeigefinger der Priesterschaft gegenüber dem Volk hätte auch ohne einen solchen Wahnsinnsaufwand funktioniert. Ein logisches religiöses Drehbuch wäre auch durch diese Variante ganz sicher nicht entstanden.

Vierter Gedankenschritt
Falls wir doch einen roten Faden finden, und das ist der Knackpunkt, dann könnte dieser in logischer Konsequenz außerirdischen Ursprungs sein.

Aber wer hat die religiösen Schriften je daraufhin untersucht? Viel eher streitet man sich kleinlich und rechthaberisch um die Zuordnung biblischer Orte und Personen und verstärkt damit nur die vollkommen unreflektiert wiederholte Parole von den angeblich erfundenen, sich widersprechenden und mannigfach voneinander abgeschriebenen, gestrichenen und wieder und wieder veränderten religiösen Schriften.

Ich kann das verstehen. Wer käme auf die Idee, Gott selbst als Zielperson anzunehmen und dessen Handlungen zu untersuchen? Aber was wäre daran so abwegig? Filtern wir die Schrift zum Beispiel nach den Worten „Gott schlug", „Jehova tötete", „vertilgen", „vernichten" und Ähnlichem.

Dann finden wir Gott und Engel <u>in konkreter Männergestalt</u> bei der Arbeit, das heißt bei Völkermorden, bei der Ermordung Einzelner, bei Nötigungen, Anstiftungen zu Tötungshandlungen, bei der Volksverhetzung, bei der Inbesitznahme von Landstrichen nebst Bevölkerung und beim Vertragsschluss mit irdischen Regenten sowie bei der Steuerung der irdischen Politik mittels der Propheten.

Kurzum: Wir finden die ganze harte Vorbereitungsarbeit bis zum Programmteil der scheinbaren Liebe und Zuwendung.

Fünfter Gedankenschritt

Das bedeutet: Wenn es einen roten Faden geben sollte, dann müssen wir Gottes Handlungen auf eine „Kriminalität der Mächtigen" untersuchen. Das wiederum heißt, wir suchen nach drei grundsätzlichen Kriterien, die die Kriminalität Mächtiger ausmachen, und zwar immer mit Gott als Zielperson im Visier.

Die drei Kriterien lauten: Politik, Ideologie und Struktur.

Das besagt, wir müssen ein berechnendes, taktierendes und zielgerichtetes Handeln in einem großen Zusammenhang feststellen, welches die wahren Absichten nur schwer erkennen lässt, und zwar seitens einer Organisation, die zur eigenen Interessenwahrung und Machterhaltung ein geschlossenes System weltanschaulicher Leitbilder, Werte und Anschauungen vermittelt.

Damit wir von einer Organisation sprechen können, muss eine Struktur erkennbar sein. Das wäre zum einen ein personelles Gefüge, das heißt, wir brauchen Hinweise auf konkrete Personen aus Fleisch und Blut, und zwar – ganz wichtig – nicht zuletzt zu Gott selbst.

Die Struktur kann auch materieller Art sein, wenn Sachverhaltsparallelen bei den materiellen Einsatzmitteln Gottes erkennbar sind, wenn also durch die Jahrhunderte oder gar Jahrtausende gleiche Ausstattungsmerkmale oder gleiche Anwendungen beschrieben werden bzw. zum Zuge kommen.

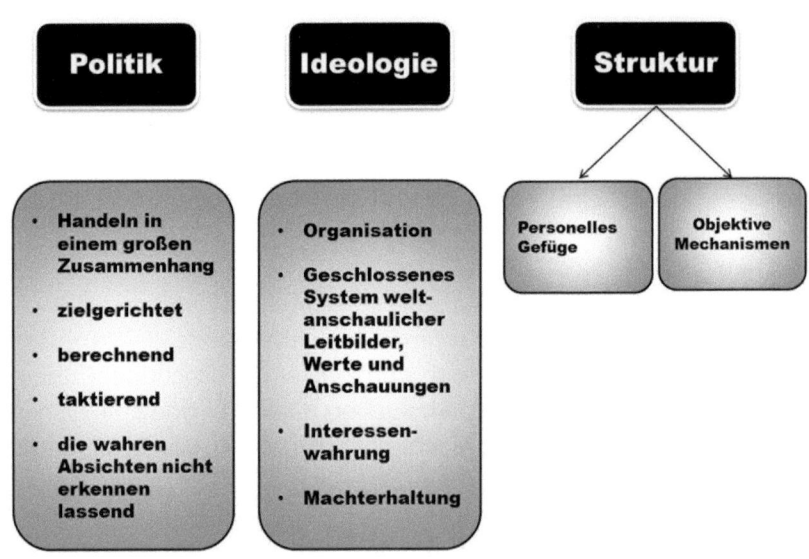

Die Elemente der „Kriminalität der Mächtigen"

Kapitel II

Die Struktur

A. Personelles Gefüge

Rollen wir das Feld von hinten auf und beginnen wir mit der Struktur. Wenn wir ein personelles Gefüge erkennen wollen, dann benötigen wir Aussagen zum

1. Chef,

2. seinem unmittelbaren ständigen Mitarbeiterstab,

3. seiner Streitmacht,

4. zu weiteren Funktionsträgern.

Ich stelle eine kleine Auswahl biblischer und *Bibel*-verwandter Aussagen zu den einzelnen Positionen vor. Die folgende Grafik zeigt die jeweiligen Quelltexte in der Übersicht.

Fangen wir mit dem Kommandeur an, und zwar mit einem Hinweis aus dem Judasevangelium. Ein kurzes Wort zum Judasevangelium: Die apokryphe Schrift ist ein verifiziertes antikes Dokument! Es ist inhaltlich glaubhaft und es ist eine echte Ergänzung der vier offiziellen Evangelien. Wiederholen Sie nicht unreflektiert die altbekannten Sprüche, dass die Evangelien widersprüchlich und unglaubwürdig seien. Dem ist nicht so. Das sage ich als Kriminalist, der diese Untersuchung so unvoreingenommen wie ein Gutachter angegangen ist. Ich war selbst erstaunt über meine Ergebnisse.

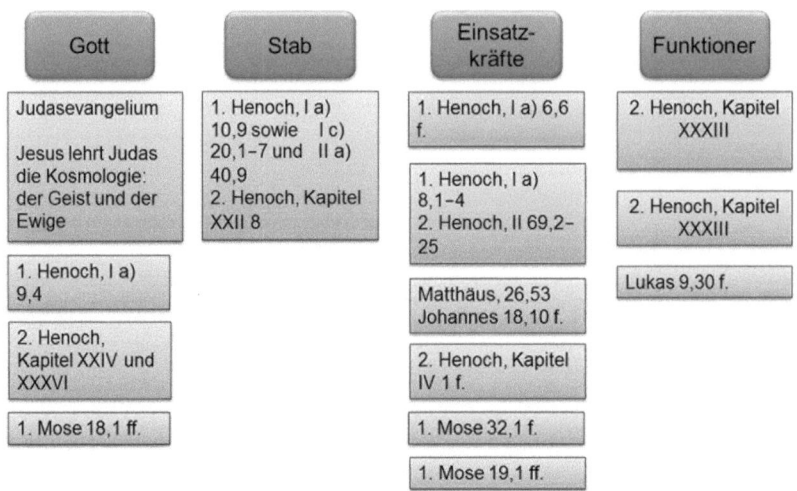

Gott	Stab	Einsatz-kräfte	Funktioner
Judasevangelium Jesus lehrt Judas die Kosmologie: der Geist und der Ewige	1. Henoch, I a) 10,9 sowie I c) 20,1–7 und II a) 40,9 2. Henoch, Kapitel XXII 8	1. Henoch, I a) 6,6 f.	2. Henoch, Kapitel XXXIII
		1. Henoch, I a) 8,1–4 2. Henoch, II 69,2–25	2. Henoch, Kapitel XXXIII
1. Henoch, I a) 9,4		Matthäus, 26,53 Johannes 18,10 f.	Lukas 9,30 f.
2. Henoch, Kapitel XXIV und XXXVI		2. Henoch, Kapitel IV 1 f.	
1. Mose 18,1 ff.		1. Mose 32,1 f.	
		1. Mose 19,1 ff.	

Die Untersuchung der Struktur Gottes; hier: das personelle Gefüge

1. Gott

1.1 Gott – auch nur ein Produkt des Urknalls

Im Judasevangelium erfahren wir von Jesus etwas Grundlegendes zur personellen Struktur, nämlich, dass Gott zwar mächtig ist, aber dass er wohl nicht der Schöpfer des Universums ist.

Die Existenz Jesu ist glaubhaft. Er war ein wichtiger Baustein für die Globalisierungsstrategie Gottes. Jesus schien sich aber in der Rolle nicht wohl gefühlt zu haben und er teilte mehrfach seine Zweifel an der Echtheit des angeblichen Schöpfers mit.

So auch im Judasevangelium. Demnach sagte Jesus, das Universum sei *ein großes, unendliches Reich …, dessen Ausdehnung kein Geschlecht von Engeln jemals wahrnahm …*

Gott – nur ein Produkt der Schöpfung

Jesus sprach: „Komm, damit ich dich über die Geheimnisse belehren kann, die kein Mensch jemals zuvor kannte. Denn es besteht ein großes, unendliches Reich, dessen Ausdehnung kein Engelsgeschlecht jemals wahrnahm, in welchem ein großer, unsichtbarer Geist waltet, den kein Engelsauge jemals sah, den kein Gedanke des Herzens jemals begreifen konnte, und den man nie bei einem Namen rief ... und ... eine leuchtende Wolke ... der erleuchtete göttliche Ewige, erschien aus dieser Wolke."

Bild: © Rael Wissdorf

Offenbar erhielt Jesus einen Einblick in die Größe des Universums. Er wusste sogar von vielen Geschlechtern innerhalb des Universums. Seien wir für einen Moment so gläubig und nehmen an, dass er von den Engeln Gottes im Sinne der Religion sprach. Demnach haben die Engel Verstand und Willen, sie sind nicht körperlich, nicht sterblich und sie leben ständig in der Gegenwart Gottes.[2] Daraus darf man ableiten, dass sie Gottes Wege unbedingt teilen. Wenn nun laut Jesus die Größe des Universums den Engeln räumliche Grenzen setzt, dann gilt das im logischen Rückschluss auch für Gott. Das ist ein klarer Hinweis auf eine gewöhnliche, körperliche Natur.

---

[2] YOUCAT (Jugendkatechismus der Katholischen Kirche), Pattloch Verlag 2010; Seite 43, Frage 54

Es geht noch weiter. Das Universum durchziehe *ein großer unsichtbarer Geist, den kein Auge eines Engels jemals sah ... und man rief ihn nie bei einem Namen.* Weiterhin ließ der *große, unsichtbare Geist* aus einer Wolke heraus *den göttlichen Ewigen* entstehen, mithin Gott.

Wenn laut Jesus der Existenz des *göttlichen Ewigen*, also Gott, eine Wolke vorsteht, dann dürfte er von unseren gegenwärtigen Erkenntnissen zur Urknalltheorie gesprochen haben. Denken wir an die erste wolkenartige Materie nach dem Urknall in Form der leichten Gase Helium, Wasserstoff und Lithium. Somit dürfen wir aus Jesus' Worten ableiten, dass der göttliche Ewige, also der vorgebliche Gott, im Zuge der Entwicklung des Universums geschaffen wurde, wie jeder andere von uns auch.

Damit wird der Gott der *Bibel* greifbar und nahbar.

1.2 Gott – nur einer unter vielen Mächtigen im Universum

Das 1. und das 2. Buch Henoch wurden vor Urzeiten von den Juden von Generation zu Generation überliefert, bis man es aus dem Kanon entfernte und ab dem 3. Jahrhundert nach Christus auch seitens der christlichen Kirche verbannte. Anders in der heutigen Demokratischen Bundesrepublik Äthiopien. Dort wurde die Schrift bewahrt und man setzte es vor das Buch Hiob. Im Jahr 1773 fand die Schrift nach England. Zudem wurden große Teile des in der aramäischen Originalsprache verfassten 1. Buches Henoch 1948 in den Höhlen von Qumran gefunden.

Henoch mag zwar der Urgroßvater Noahs gewesen sein. Wir dürfen aber annehmen, dass wir mit 1. und 2. Henoch einen wertvollen Bericht aus der Zeit weit vor Abraham zur Verfügung haben.

Der Hintergrund dieses weiteren Hinweises zur Gewöhnlichkeit Gottes ist der folgende: Aus Gottes Mitarbeiterstab wurde eine Verfehlung aus dem Heer gemeldet. Es gab Abtrünnige, die den Menschen nicht von Gott freigegebene naturwissenschaftliche und technologische Bildung zukommen ließen. Der Einleitungssatz dieser Meldung an Gott lautet folgendermaßen: [3]

Bild: © Rael Wissdorf

Warum ist Gott der „Gott der Götter"? Das würde bedeuten, es gab oder es gibt mehrere ähnlich mächtige Götter im Universum. Denn eines ist klar: Die aus Holz geschnitzten und in Stein gehauenen Götzenbilder auf der Erde waren ganz sicher zu nichtig, als dass man Gottes Macht im eigenen Hause über die armseligen Figuren hätte herausstellen müssen. Es ist ein kleines Indiz für die nur allzu natürliche Konkurrenz im Kosmos und auf das, was Jesus rund 3000 Jahre später ebenfalls, nur viel definitiver, über Gott mitteilte.

---

[3]   1. Henoch, I a) 9,4

21

1.3 Gott – ein Gesprächspartner in Menschengestalt

Gott möchte eine Kolonisierung, ohne mit der Tür ins Haus zu fallen. Dem biblischen und vorsintflutlichen Henoch kam in dieser Politik eine maßgebliche Rolle zu. Henoch wurde unter Gottes Direktive zu einem Diplomaten zwischen Himmel und Erde ausgebildet. Dazu wurde er von zwei Männern mittels eines Fluggerätes zu Gott verbracht. Henoch beschreibt glasklar einen Flug über die Wolken, durch die Atmosphäre und hinaus in den Weltraum.

Henochs Aufgabenschwerpunkt war die Verkündung von Gottes Allmachtstellung. Er sollte den Menschen die göttliche Verfügung einimpfen, dass der Mensch alle vorhandenen und ausstehenden naturwissenschaftlichen Erkenntnisse auf Gott als den zu fürchtenden allmächtigen Schöpfer der Sterne und alles darunter Befindliche zu reflektieren habe.

Was hat das mit der personellen Struktur und speziell mit Gott zu tun? Auch in der folgenden Szene wird Gott real und greifbar. Es ist ein kleiner Akt aus der Verabschiedung des fertigen Diplomaten Henoch:

Gott - ein Gesprächspartner in Menschengestalt

„Und der Herr rief mich und sprach zu mir:

‚Henoch, setze Dich zu meiner Linken, mit Gabriel …'

… und der Herr redete zu mir, so wie ein Mann mit seinem Nächsten redet."

Bild: © Rael Wissdorf

So steht es im uralten Henochtext.[4] Das spricht doch für sich. Keine Lichtgestalt nahm sich Henoch zur Brust, sondern eine Person aus Fleisch und Blut.

---

[4] 2. Henoch, Kapitel XXIV und XXXVI

1.4 Gott – ein Geschäftspartner in Menschengestalt

Selbst laut *Bibel* ist Gott ein gewöhnlicher Mann. Der Hintergrund der Szene aus 1. Mose 18,1 ff. ist sehr interessant. Drei gewöhnliche Männer statten Abraham einen Besuch ab, darunter – wen wundert es noch – Gott persönlich!

Nebenbei bemerkt: Nur ein biblisches Kapitel zuvor fiel Abraham vor Gott noch in den Staub. Bei dieser Begegnung war es nur noch eine magere Verbeugung! Bedenken wir Folgendes: Wäre die Schrift von irdischen Schreibern erdacht worden, dann hätte man Abraham auch bei der Folgebegegnung, also bei dieser Szene, im Staub kriechen lassen. Diese Auffälligkeit ist einmal mehr ein kleines Indiz für die Lebensnähe der biblischen Sachverhalte. Offenbar hatte Abraham sich so allmählich an die Besuche der himmlischen Männer gewöhnt.

Abraham zeigt die übliche Gastfreundschaft und er bewirtet die Männer. Der liebe Gott lässt sich also kulinarisch herzhaft versorgen.

Seltsam: Stammte die Schrift von irdischen Schreibern, wäre der Schöpfer des Universums dann nicht eher eine visionäre Lichtgestalt? Aber nein, ausweislich der *Bibel* verdrückt er zarten Kalbsbraten, süße Dickmilch und Kuchen (vergleiche 1. Mose 18,6-8).

Nochmals sei angemerkt: Auch während der Globalisierungsmaßnahme unter den Fittichen von Moses, also während des Auszugs, gab es eine regelrechte Barbecueanweisung zur Bekämpfung des gewöhnlichen Hungers. Dabei wird sogar mehrfach ausdrücklich betont, wie betörend Gott der Grillgeruch in die Nase stieg! (zum Beispiel 2. Mose 29,22-25)

Wie dem auch sei, das letzte Stück Kuchen ist gerade erst gegessen, als Gott schon den Zweck seines Besuches darlegt. In erster Linie geht es in dieser Szene um den Stammhalter. Abraham und Sara sollen ein Kind bekommen. In dieser Situation steigert sich die Gewöhnlichkeit in der Interaktion mit Gott ins Groteske, denn Sara lacht Gott in Anbetracht ihres fortgeschrittenen Alters aus und Gott ist stinksauer. Sara ist es peinlich, weshalb sie leugnet:

„Ich habe nicht gelacht!" Er aber sprach: Nein, du hast gelacht.

So lesen wir es wörtlich in 1. Mose 18,15. Da hört man doch im Geiste zankende Kinderstimmen! „Habe ich nicht ..." „Hast du doch ..." Wie gewöhnlich ist das denn? Diese Unterredung bestärkt einmal mehr die Normalität Gottes.

Bild: © Rael Wissdorf; Gott und zwei Begleiter im Zelt Abrahams

2. Der Ständige Stab

2.1 Die Erzengel und deren Arbeitsplatzbeschreibung

Kommen wir in Sachen personeller Struktur zum Mitarbeiterstab. Nachstehend finden Sie die Namen der Offiziere, die den ständigen Mitarbeiterstab rund um den Kommandeur stellen, inklusive deren Zuständigkeitsbereich.

25

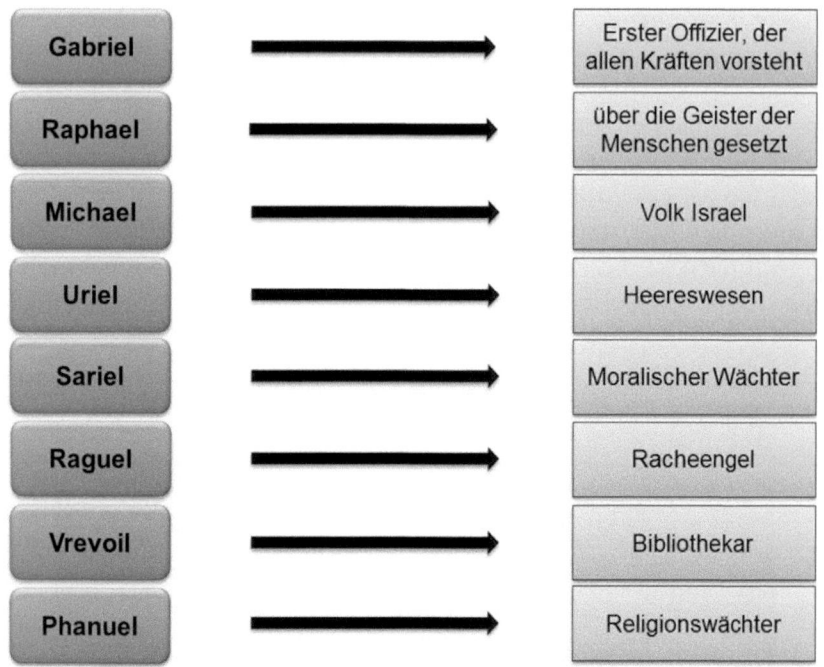

Die Erzengel und deren Arbeitsplatzbeschreibung[5]

Gabriel ist eine herausragende Persönlichkeit. Zu Abrahams Zeiten war er verantwortlich für die Setzung des angeblichen Meteoritensteines in eines der wichtigsten Heiligtümer unseres Monotheismus, der Kaaba in Mekka.

Zweitausend Jahre später sprach Gabriel als ein gewöhnlicher Mann bei dem Priester Zacharias vor, um über die künstliche Befruchtung

---

[5] 1. Henoch, Ia.) 10,9 sowie Ic.) 20,1-7 und IIa.) 40,9
2. Henoch, Kapitel XXII 8

seiner Frau Elisabeth, eine Verwandte von Jesus' Mutter Maria, zu sprechen. Damit sollte Johannes der Täufer in Szene gesetzt werden.

Fünf Monate später trat Gabriel bei Maria mit dem gleichen Anliegen auf, also in Sachen Jesus.

Sechshundert Jahre später war Gabriel für die Anwerbung Mohammeds verantwortlich. Mohammed funktionierte sehr gut. Man höre und staune: Er und seine Anhänger beteten in der Anfangszeit sogar in Richtung Jerusalem. Das war normal, spielt doch ein und derselbe Gott die Rolle.

Kurze Zeit später trat Gabriel erneut auf den Plan. Er verordnete den Richtungswechsel beim Beten, und zwar nach Mekka zur Kaaba, dorthin, wo er den mysteriösen Stein platziert hatte, und er verfügte in Gottes Auftrag das fünfmalige Gebet zu festgesetzten Tageszeiten.

Ich habe den Verdacht, dass Gabriel vor knapp hundert Jahren das letzte Mal öffentlich zum Einsatz kam, und zwar für die Berufung der Kinder von Fatima, vornehmlich Lucia, die erst im Jahr 2005 verstorben ist. Warum meine ich das? Die Anwerbungen Mohammeds und Schwester Lucias sind von auffällig übereinstimmenden Kriterien gekennzeichnet:

Mohammeds Einsetzung erfolgte in der Abgeschiedenheit einer Felsenhöhle durch Gabriel mit dem Auftrag, Gottes Worte zu wiederholen. Mohammed fühlte sich physisch erdrückt; fast bis zur Lähmung der Atemmuskulatur.

Die Kinder von Fatima sahen sich in einer Felsnische einem angeblich namenlosen Engel gegenüber, der den Auftrag erteilte, Gottes Worte als ein Gebet zu wiederholen. Die Kinder fühlten sich noch danach körperlich, also physisch, niedergeschlagen und wie gelähmt.

Die Sachverhaltsparallelen sind bemerkenswert. Bedeutend ist auch die Frage, warum der Engel im Falle Lucias namenlos geblieben ist. Der Engel trat immerhin in persona auf, weil er gegenständlich handelte, denn er gab Lucia die Kommunion. Ich glaube eher nicht, dass der Engel den Kindern seinen Namen verschwieg, denn ausgerechnet den Kindern gegenüber galt es, Vertrauen aufzubauen und ihnen die Angst zu nehmen. Das war sogar bei Mohammed erforderlich, weil er zunächst vor Gabriel flüchtete.

Vielleicht lautet die Antwort: Würde der Klerus Gabriel vor aller Welt ins Spiel bringen, dann würde man die Öffentlichkeit mit der Nase auf die Ähnlichkeit der Ereignisse zwischen der Berghöhle des Mohammed und der kleinen Felsgrotte in Fatima stoßen.

3. Einsatzkräfte

3.1 Abtrünnige Streitkräfte

Betrachten wir nun die Struktur der Einsatzkräfte. Keine Unternehmung läuft von Beginn an reibungsfrei. Als Gott zu Beginn seines hiesigen Wirkens unseren Planeten durch auffällig groß gewachsene Einsatzkräfte betreten ließ, da setzten diese sich von Gott ab. Henoch und auch die *Bibel* bezeichnen sie als Riesen. Zur Erhellung der personellen Struktur erfahren wir bei Henoch, dass in den Tagen Jareds 200 Personen auf dem Gipfel des Berges Hermon landeten. Jared reicht bis in die Zeit Adams zurück. Trotzdem erfahren wir weitere konkrete Daten zur Mannschaftsstärke. Demnach bestanden die Riesen aus zweihundert Einsatzkräften. Die Mannschaft bekommt sogar noch etwas Struktur, wenn Henoch mitteilt, dass sie sich in zwanzig Offiziere und einhundertundachtzig Untergebene aufteilt. Mit einer Gruppenstärke von 1 : 9 gehen übrigens auch heute noch Einheiten in den Einsatz.

Es geht noch weiter mit den strukturellen Erkenntnissen. Wir erfahren sogar die Namen der Gruppenführer (siehe nachfolgende Grafik). Semjasa steht dem Zahlenwerk als Oberster außen vor.

Die „Riesen" sind erklärungsbedürftig. In der Tat besitzen wir Artefakte (antike Werkzeuge) und fossile Reste (menschliche Zähne, Unterschenkelknochen), die auf eine groß gewachsene Spezies schließen lassen.

Es waren ihrer im Ganzen 200, die in den Tagen Jareds auf den Gipfel des Berges Hermon herabstiegen ... dies sind die Namen ihrer Anführer:

Semjasa				Arasjal
Urarkib				Jomfael
Arameel				Turel
Armers				Tumael
Akibeel				Sartael
Tamiel				Asael
Ramuel				Zaqebe
Danel				Anani
Ezeqeel	Saraqujal	Samsaveel	Sammael	Batraal

Die Namen der verantwortlichen hünenhaften Mitstreiter Gottes[6] – die „Riesen" sind eine glaubhafte Spezies.

Wir wissen aber nicht, ob damit ein Bezug zu den von Gott und Henoch genannten „Riesen" hergestellt werden kann. In jedem Fall wird die Körpergröße des biblischen Goliath mit sechs Ellen und einer Spanne beziffert. Nehmen wir die kleine ägyptische

---

[6]   1. Henoch Ia 6,6 f.

Elle an und gehen wir von einer ungefähren Angabe aus, dann könnte Goliath zwischen 2,50 m und 3,00 m groß gewesen sein.

Der preußische Soldatenkönig Friedrich Wilhelm I. stellte ein Elitebataillon groß gewachsener Männer auf, die so genannten „Langen Kerls". Offenbar umgab der Potentat „Gott" sich ebenso mit „Langen Kerls". Wo er sie rekrutierte und welchen Zweck sie erfüllten, soll zweitrangig sein. Entscheidend ist, dass die „Riesen" grundsätzlich denkbar sind, weil das prinzipiell gleiche Größenverhältnis zwischen uns Menschen gegeben ist. Relativ betrachtet leben auf unserer Erde ebensolche „Riesen". Es gibt zum Beispiel 1,40 m große Frauen und 2,10 m große Männer. Möchte jemand in Abrede stellen, dass ein solches Paar eine geschlechtliche Verbindung eingehen könnte? Wenn nun in der Antike ein 1,70 m großer Mensch einem 2,55 m großen „Riesen" gegenüberstand, dann war das die gleiche Relation.

Offenbar stieß Gott auf seinen Reisen zwischen den Planeten auf geeignete Söldner. Große und starke Personen, mit denen man die potenziellen Gefahren und Widrigkeiten auf fremden Planeten vorteilhafter bewältigen konnte, als wenn man sich dem selbst hätte aussetzen müssen.

3.2 Geheimnisverrat

Asasel		Metallverarbeitung, Waffenherstellung, Luxusgüter
Semjasa/Armaros		Pflanzen-/Heilkunde
Ezeqeel		Wetterkunde
Arakiel/Seriel/Samsaveel		Jahreszeitenkunde (Sonne/Mond/Erde)
Kokabeel/Baraael		Sternenkunde
Arestiqifa, Kakabael, Rumsal, Danel, Ruqael, Baraquel, Batariel, Basasael, Ananel, Tursal, Simapisiel, Jetarel, Iseseel, Jequn, Asbeel, Gadreel, Penemue, Kasdejar …		Kampfkünste, Mordinstrumente, Panzer, Tinte, Papier …

Wir erfahren noch mehr Daten zur personellen Struktur, nämlich weitere Namen sowie die handwerklichen und naturwissenschaftlichen Fertigkeiten dieser Personen[7] (siehe vorstehende Grafik).

Die Abtrünnigen wurden sesshaft und selbstverständlich ließen sie ihr überlegenes Wissen nicht nur in die Siedlungsarbeit einfließen, sondern auch in die Köpfe der Menschen einsickern. Gott sah sich mit einem großen Problem konfrontiert: Die Siedlergemeinschaft erfuhr einen nicht beabsichtigten kulturgeistigen und wissenschaftlichen Entwicklungssprung. Der Mensch wäre damit dem Erziehungsprogramm Gottes vorausgelaufen. Das schrie nach einer Säuberungsaktion. Als das Ausmaß der geistigen Infizierung offenbar wurde, verordnete Gott

---

[7] 1. Henoch Ia.) 8,1-4
   2. Henoch II 69,2-25

keine Gehirnwäsche, sondern eine tödliche Kopfwäsche in Form der Sintflut.

Henoch teilt uns mit, dass die Sintflut mittels künstlich erzeugter Erdbeben stattfand. Mehrere Sintflutlegenden uralter Völker bestätigen diesen Hinweis. Dabei war offenbar nicht die ganze Erde betroffen, sondern vornehmlich die Küstenregionen. Das ist verständlich. Selbst heute leben die meisten Menschen noch in den Küstenregionen.

3.3 Gottes *Universal Soldier*

Sogar das *Neue Testament* offenbart uns strukturelle Erkenntnisse. Da komme ich wieder auf Jesus zurück. Im Zuge seiner Verhaftung erfahren wir von ihm von Kampftruppen im Universum unter Gottes Fittichen. Der Hintergrund dieser Äußerung Jesu ist der folgende:

Petrus wollte sich schützend vor Jesus stellen. Jesus war darüber verärgert, weil die Verhaftung wie auch der Anlass dafür und alles weitere eine abgekartete Sache war. Jesus kommentierte den unerwünschten Einsatz des Petrus mit einem Hinweis auf die militärische Streitmacht Gottes im Kosmos, denn wenn es hier um Verteidigung und Angriff ginge, dann könne sein Vater ihm

… mehr als zwölf Legionen Engel stellen …
(Matthäus 26,53)

Das ist höchst interessant! Jesus wusste also von einer Kampftruppe in der Hinterhand Gottes. Im Grunde drohte er sogar unterschwellig damit. Führen wir uns vor Augen: Eine Legion ist eine Heereskampftruppe; zur damaligen Zeit die größte Militäreinheit. In einer Ausnahmesituation gibt Jesus also preis, in welcher Stärke die Engelseinsätze erfolgen.

Wie sähe denn wohl so ein flügelbewehrter und bewaffneter Engel aus?

Auschnitt aus: Rembrandt Harmensz. van Rijn:
»Prophet Bileam und die Eselin«; 1626

Die vorstehende Darstellung ist im Grunde gar nicht mal so verkehrt, wenn man an die sonstigen Entgleisungen bei den Illustrationen der Engel denkt. Also konvertieren wir den flügel- und waffenbewehrten Engelskörper in ein realistischeres Bild. Ich denke, mit dem folgenden Beispiel kämen wir der Sache näher:

3.4 Navigation im Kosmos

Sprach Jesus nur von der bloßen Existenz der *Universal Soldier* im Weltraum, so schrieb Henoch ihnen sogar die gekonnte Navigation im Kosmos zu:

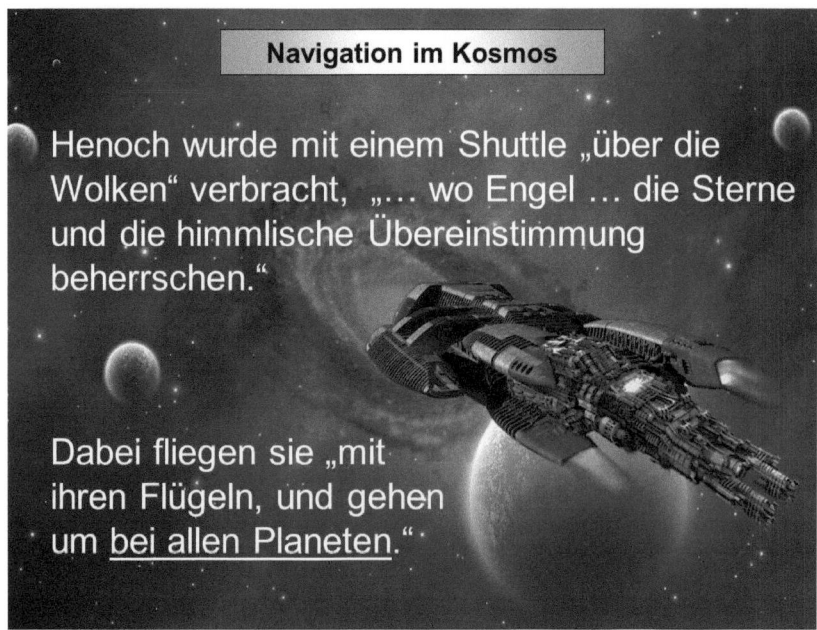

Navigation im Kosmos

Henoch wurde mit einem Shuttle „über die Wolken" verbracht, „... wo Engel ... die Sterne und die himmlische Übereinstimmung beherrschen."

Dabei fliegen sie „mit ihren Flügeln, und gehen um bei allen Planeten."

Bild: © Rael Wissdorf

Unglaublich, aber wahr: In der uralten Schrift spricht man bereits von Flugbewegungen zwischen Planeten![8] Und ganz wichtig: Henoch spricht definitiv von dem Chef unseres Monotheismus, also Gott und seinen Legionen!

---

[8] 2. Henoch, Kapitel IV 1 f.

3.5 Das Militärcamp Gottes

Wenn sich *Universal Soldier* unter Gottes Kommando von Planet zu Planet bewegen, dann sollten wir auch einen Hinweis auf einen irdischen Lagerplatz finden. Es gibt ein bemerkenswertes Erlebnis Jakobs.

Damit meine ich nicht seine traumhafte Vision von der auf die Erde gestellten Leiter, deren Spitze den Himmel berührt und an der er die Engel auf- und niedersteigen sah. Ich halte ein einziges Wort für eine Ortsbeschreibung zu einer anderen Gelegenheit für viel bedeutsamer.

Der Hintergrund ist schnell erläutert: Jakob pendelte zur Zeit der Streitereien mit seinem Zwillingsbruder Esau und seinem Onkel Laban zwischen den Fronten. Noch auf der Flucht vor Esau wurde Jakob von Laban gestellt. Durch Gottes Intervention kam es zur Versöhnung zwischen Laban und Jakob. Jakobs nächstes Anliegen war die Aussöhnung mit Esau: *So zog er seines Weges, und es begegneten ihm Engel Gottes. Und Jakob sprach, als er sie sah: Dies ist das Heerlager Gottes.* (1. Mose 32,2)

Das *Heerlager* Gottes! Zwischen der Beilegung des Streites mit Laban und dem angestrebten Frieden mit Esau erfahren wir in zwei Sätzen so einfach nebenher und ohne konkreten Bezug von einem Camp Gottes.

Ein Heerlager ist ganz sicher keine Blumenwiese mit Posaune blasenden und Harfe spielenden Engeln. In einem Heerlager tummeln sich „Engel", wie wir sie von Sodom und Gomorra und aus etlichen anderen biblischen und außerkanonischen Begebenheiten kennen. Das sind Soldaten in Einsatzanzügen, ausgestattet mit Waffen und anderen Einsatzmitteln. Welcher Variante geben Sie den Vorzug?

Natürlich befinden sich dort auch Transportmittel für den Land- und den Luftweg. Nun käme die Jakobsleiter doch noch mal zum Zuge. Vielleicht war sie ja kein Traum.

Bild: © Rael Wissdorf

3.6 Schlagkräftige Soldaten

Wenn Gottes Legionen im Universum gekonnt von Planet zu Planet navigieren, dann fehlt zur Abrundung dieser Informationen von Jesus und Henoch eine Mitteilung über eine konkrete Einzelaktion mit Waffeneinsatz auf unserem Planeten.

Jeder von uns kennt die Rettungsmission für Lot und seine Familie vor der anstehenden Zerstörung Sodoms. Diese Goodwill-Aktion war das Ergebnis einer Absprache zwischen dem fürbittenden Abraham und Gott. Das geschah übrigens im Rahmen des bereits vorgestellten Geschäftsessens vor Abrahams Zelt.

Uns sollte die folgende Begebenheit auffallen: Denken wir einmal wie die Glaubenden. Zwei Engel kommen schnurstracks aus dem Himmel zu Lot nach Sodom und zeigen sich aus pragmatischen Gründen in Männergestalt.[9] In diesem Fall dürfte niemand in der Stadt ihre Absichten gekannt haben.

Wie kann es dann aber sein, dass die Männer in der Öffentlichkeit als Fremdlinge mit einer richtenden Funktion bekannt waren und hierdurch Angst in der Bevölkerung auslösten?

Und wie kann es sein, dass das Volk in nur _einem_ der beiden Männer eine Person erkannte, der eine ausführende Gewalt oblag? Wie sonst sind die Bedenken und der innewohnende Vorwurf zu interpretieren?

… Der eine da ist gekommen, als Fremdling hier zu weilen, und will den Richter machen … (1. Mose 19,9)

Es folgt eine Szene wie aus einem Film, in dem das gemeine Volk die Herausgabe eines Verbrechers verlangt. Der Mob wird für die beiden Männer Gottes sogar so gefährlich, dass sie Lot vor der Tür ergreifen, in das Haus ziehen und die Tür verschließen (vergleiche 1. Mose 19,10). Noch vor dem Schließen der Tür wirft einer der beiden Männer eine Art Blendgranate vor die Menge, denn sie … _schlugen sie mit Blindheit, vom kleinsten bis zum größten; und sie wurden müde, den Eingang zu finden._

Warum war einer der beiden Männer in der Öffentlichkeit als „Richter" bekannt? Die Antwort könnte lauten: Es gab bereits im Vorfeld der Vernichtungsaktion einen Vorfall, bei dem der Fremde kurzerhand _den Richter machte_. Das könnte im Rahmen einer Aufklärungsmission vor dem Vernichtungsschlag geschehen sein.

---

[9] Siehe 1. Mose 19,5

4. Funktioner

4.1 Zwei Shuttlepiloten

In 2. Henoch, Kapitel XXXIII, begegnen uns zwei Statisten eher so nebenbei, zwei Shuttlepiloten. So wie sie Henoch zu Gottes Raumschiff geflogen hatten, so sollten sie ihn auch wieder zur Erde bringen. Samoil und Raguila sind laut Henoch zwei <u>sehr große</u> Männer. Bei seiner ersten Begegnung mit den beiden hatte er sich deshalb fürchterlich erschrocken. Insofern dürften die beiden aus Gottes Riesenmannschaft stammen. Die Sache mit den abtrünnigen Riesen war zu dem Zeitpunkt zwar schon gelaufen, wir erfahren aber an anderer Stelle, dass einige von ihnen zurückgeführt wurden.

4.2 Zwei Wächter Gottes auf unserer Erde

Kurz und knapp werden uns in 2. Henoch, Kapitel XXXIII, zwei weitere Männer und deren Aufgabenbereich benannt. Es sind die Archivare Ariuch und Pariuch. Gott benennt Ariuch und Pariuch ausdrücklich als Wächter auf der Erde für die von Henoch verfassten 366 Bücher, *… damit sie nicht vernichtet werden in der künftigen Flut, die ich anrichten werde in deinem Geschlecht.*

Die besagten Bücher schrieb Henoch übrigens an Bord des Raumschiffes unter der Aufsicht des Bibliothekars Vrevoil.

4.3 Eine ganz normale Einsatzbesprechung

Dieser ist mein geliebter Sohn, an welchem ich Wohlgefallen gefunden habe; ihn höret.

Hintergrundbild: Carl Heinrich Bloch, 1834–1890, »The Transfiguration«, Kopenhagen

Schauen wir nun auf zwei wichtige Verantwortungsträger in einem neutestamentlichen Vorgang, namentlich Moses und Elias:

Jesus nimmt Petrus, Jakobus und Johannes, seinen Bruder, mit auf einen hohen Berg. *Und siehe, zwei Männer redeten mit ihm, welche Moses und Elias waren. Diese erschienen in Herrlichkeit und besprachen seinen Ausgang, den er in Jerusalem erfüllen sollte.* (Lukas 9,31)

In dieser Szene wird Jesus also für eine Besprechung auf einen abseits gelegenen Berg zitiert. Aber nur er allein, wohlgemerkt. Die drei Zeugen nahm er vorsorglich als heimliche Beobachter mit. Am verabredeten Ort traf er auf Moses und Elias. Man wollte unter Ausschluss der

Öffentlichkeit besprechen, wie es mit Jesus in Jerusalem weitergehen sollte.

Vielleicht ist das Auftreten Moses' und Elias' gar nicht so ungewöhnlich, wenn wir bedenken, dass Gott ein klares Statement zu dem Mitarbeiterverhältnis zwischen ihm und Moses sowie Elias verlauten ließ:

Höret denn meine Worte! Wenn ein Prophet unter euch ist, dem will ich, Jehova, in einem Gesicht mich kundtun, in einem Traume will ich mit ihm reden. Nicht also mein Knecht Mose. Er ist treu in meinem ganzen Hause; mit ihm rede ich von Mund zu Mund, und deutlich und nicht in Rätseln, und das Bild Jehovas schaut er. (4. Mose 12,6 ff.)

Mit unseren Worten gesprochen sagt Gott hier Folgendes:

Moses gehört nicht zu den gewöhnlichen irdischen Propheten. Die Propheten sind nichts weiter als Führungsmittel, mit denen ich möglichst nicht persönlich verkehre. Moses ist ein direkter Mitarbeiter aus meinem Hause. Mit ihm berede ich mein Vorgehen auf der Erde.

Das sind doch konkrete Worte. Passenderweise erhalten wir in der *Bibel* einen Hinweis, dass mit Moses' Tod wohl nicht sein irdisches Ableben beschrieben wird. Es dürfte sich vielmehr um ein Sinnbild für seinen Fortgang nach der erledigten Arbeit mit den Israeliten handeln.

Auch für Elias galt das ausdrückliche Privileg der direkten Gottesanbindung. Elias prahlte nämlich mit dem folgenden Satz:

So wahr Jehova lebt, der Gott Israels, vor dessen Angesicht ich stehe … (1. Könige 17,1)

Der Hintergrund für die Offenlegung seiner persönlichen Verbundenheit mit Gott war übrigens ein Tötungseinsatz. Elias ermordete laut

Bibel Hand in Hand mit Gott 552 Menschen, wobei Gott selbst 102 Menschen übernahm.

Wir dürfen berechtigt annehmen, dass Moses und Elias zwei maßgebliche Verantwortungsträger aus der Streitmacht Gottes sind. Nach der Stammvaterinszenierung mittels Abraham erledigten sie zwei wesentliche Programmpunkte im Erziehungsplan Gottes, nämlich die Führung und die Bestrafung.

Für das dritte Erziehungselement, die Vergütung/Vergebung, setzte das Unternehmen Gott Jesus in Szene. Mit dem Stichwort „Jesus" sind wir wieder beim Thema. Stellen wir uns dazu eine Frage:

Welcher Geschichtenschreiber in der Antike wäre auf die Idee gekommen, Jesus in einem konspirativen Treffen mit Moses und Elias auf den Esel zu helfen? Führen wir uns vor Augen: Man besprach Jesus' weiteres Vorgehen in Jerusalem! Dazu zählte insbesondere die vorsätzlich angezettelte Prügelei in der Synagoge.

Überlegen Sie: Wäre alles erfunden und voneinander abgeschrieben, dann hätte ein Märchenschreiber in der Antike Jesus ehrfurchtsvoll vom Heiligen Geist gesteuert wandeln lassen. Niemals hätte ein solcher Schreiber die gewöhnliche Besprechung eines Planes ersonnen. Da ist keine Hommage an Gott. Das ist Lebensnähe. Niemand wäre auf die Idee gekommen, Jesus heimlich drei Zeugen mitnehmen zu lassen, um den „lieben Gott" zu belauschen. Aber warum ließ Jesus die Apostel das Treffen beobachten? Aus dem Judasevangelium wissen wir um Jesus' Zweifel. Die Zeugenaussagen von Petrus, Jakobus und Johannes, die Jesus heimlich nachfolgen ließ, sollten vermutlich verdeutlichen, wie im Hintergrund ein gewöhnliches, abgekartetes Spiel betrieben wurde. So verstehen wir auch Jesu Weisung an die drei Apostel, der Welt erst nach seinem Tod über diese Angelegenheit zu berichten.

Gott war verständlicherweise nicht angetan von dieser Verselbstständigung Jesu. Die drei wurden nämlich entdeckt und Gott versuchte die Angelegenheit mit der Stimme-aus-der-Wolke-Nummer zu bereinigen:

... da überschattete sie eine lichte Wolke, und siehe, eine Stimme kam aus der Wolke, welche sprach: Dieser ist mein geliebter Sohn, an welchem ich Wohlgefallen gefunden habe; ihn höret. (Matthäus 17,5)

Wie blöd war das denn? Dieser Auftritt wurde bereits mit Jesu erster öffentlicher und offizieller Einführung als „Sohn Gottes" bei seiner Taufe im Jordan erledigt und war insofern verbraucht und ohnehin unnötig, denn ausgerechnet Petrus, Jakobus und Johannes hatten ganz sicher keine Nachhilfe mehr nötig.

Warum griffen Gott, Elias und Moses trotzdem in die Trickkiste? Die schlüssige Antwort könnte lauten, dass man auf die Schnelle zu einem notdürftigen Heilmittel griff, um eventuelle Zweifel und Bedenken in Anbetracht des ungöttlichen Bandentreffens auszuräumen. Sehen wir es als Indiz für die überraschende und unerwünschte Anwesenheit der drei Jünger vor Ort und als ein weiteres Anzeichen für die Gewöhnlichkeit und möglicherweise Echtheit dieses Vorganges.

B. Objektive Mechanismen

Verlassen wir die Erhebungen zur personellen Struktur. Beleuchten wir nun eine kleine Auswahl der Indizien für den Nachweis objektiver Strukturen. Das sind die Einsatzmittel und Anwendungen aus dem Hause Gottes, die durch alle Epochen bis in unser 20. Jahrhundert auffällig wiederkehrend eingesetzt wurden. Ich beschränke mich beispielhaft auf drei Vorgänge.

1. Vorgestern wie heute – der „Sonnengott"

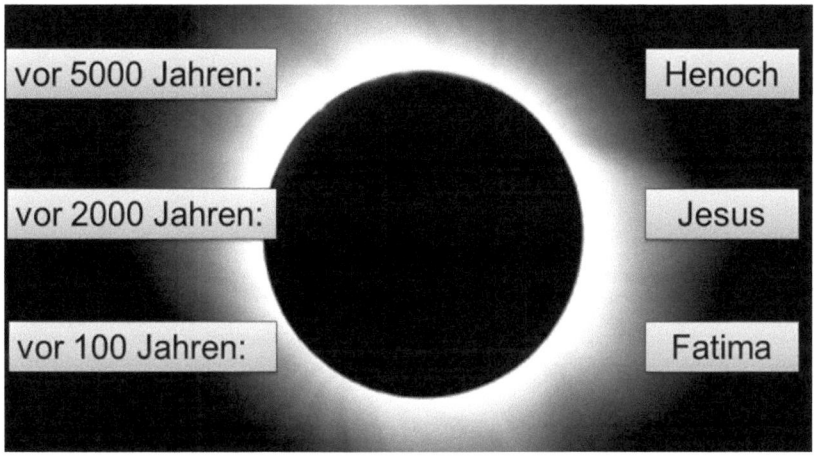

Schauen wir zunächst auf eine Anwendung aus Gottes Trickkiste, die dreimal zum Zuge kam, nämlich die Verfinsterung der Sonne zur Tageszeit. Beginnen wir mit Henoch:

Als Henoch zu seinem Volk gesprochen hatte, sandte der Herr eine Finsternis auf die Erde und es war finster und bedeckte die Männer, die bei Henoch standen. Und die Engel eilten und ergriffen Henoch und trugen ihn hinauf in den höchsten Himmel … Und die Finsternis verschwand von

43

der Erde und es wurde Licht. Und obgleich das Volk sah, verstand es nicht, wie Henoch hinweggenommen worden war.[10]

Das ist die Situation, die Gott meinte, als er Henoch mit den uns nun namentlich bekannten Shuttlepiloten auf die Erde zurückschickte. Henoch sollte das Volk im Namen Gottes auf Linie trimmen. Das Ehrfurcht einflößende Himmelsspektakel war ein geeigneter und erforderlicher Beweis für den Auftrag im Namen Gottes.

Als Jesus am Kreuz hing, wurde pünktlich zur Mittagszeit der Himmel für drei Stunden verfinstert.

Ebenso in Fatima. Die Ereignisse in Fatima sind durch und durch von Gottes Handschrift geprägt. Das Geschehen besteht aus drei Handlungsabschnitten:

1. Es gab im Jahr 1916 drei interne Vorbereitungstreffen ausschließlich für die Kinder (das war die Sache mit dem namenlosen Engel).

2. Anschließend fanden sechs öffentliche Treffen von Mai bis Oktober im Jahr 1917 statt, davon fünfmal unter Einbeziehung der Bevölkerung, wobei

3. der Öffentlichkeit an den letzten drei Erscheinungstagen verschiedene Schauspiele geboten wurden. Für die Kinder lief jedes Mal eine abgeschirmte 3-D-Hologramm-Show ab. Ein markantes Kunststück für die Öffentlichkeit war die Verfinsterung des Himmels, denn auch hier verdunkelte sich um genau zwölf Uhr die Sonne, so dass einige Zeugen sogar davon sprachen, die Sterne gesehen zu haben.

---

[10] 2. Henoch LXVII

Ausschnitt einer Seite aus »Ilustração Portuguesa« vom 29. Oktober 1917.
Die Menge betrachtet das Sonnenwunder während der Fatima-Erscheinung.
Bildquelle: Gemeinfrei

Dreimal ist einmal zu viel, das letzte Mal quasi zu unserer Gegenwart.

2.   Immer noch aktuell: Gottes sechsflügelige Engel

Der Prophet Jesaja berichtet von sechsflügeligen Seraphim: *ein jeder*
von ihnen hatte sechs Flügel: mit zweien bedeckte er sein Angesicht, und
mit zweien bedeckte er seine Füße, und mit zweien flog er. (Jesaja 6,1 f.)

Auch Henoch schildert Engel mit je sechs Flügeln. (2. Henoch XVI 7)

45

Darstellung eines Seraphs in einem mittelalterlichen Manuskript.
Quelle: gemeinfrei

Abraham beschreibt *sechs Flügel an Schultern, Seiten und Lenden* eines *Geschöpfes,* deren er vier zählt. Abraham erkannte eine Funktion der Mittelflügel, die sich beim Vorwärtsfliegen ausbreiteten (Paul Riessler, *Altjüdisches Schrifttum außerhalb der Bibel*).

Auch wir haben sechsflügelige „Seraphim". Und nicht nur das: Abraham dürfte die Engel eher beim Start- und Landevorgang beobachtet haben. Wenn er in dieser Situation das Ausbreiten der Mittelflügel erkannte, dann kommt uns das bekannt vor. Zum Beispiel besteht das Flugwerk der Grumman F-14 aus einer Schwenkflügelkonstruktion. Beim Überschallflug werden die Tragflächen eingeschwenkt.

US Federal Government – Public Domain

Bei Starts und Landungen werden die Tragflächen ausgeschwenkt, um genügend Auftrieb zu erzeugen.

US Federal Government – Public Domain

Drei Männer der *Bibel* präsentieren uns über mehrere Epochen sechs-flügelige Engel unter Gottes Fittichen. In Abrahams Fall sogar mit ei-ner sinnvollen Beschreibung der Mittelflügel. Das sind keine zusam-menhanglosen außerirdischen Erscheinungen, mal hier und mal dort. Henoch, Abraham und Jesaja stehen zweifelsfrei für die Handlungen des Gottes unseres Monotheismus.

3.   Gottes Wasserspiele

Die Wasserteilung zählt zu den wiederkehrenden Anwendungen, weil damit ein und dieselbe Anwendung <u>viermal</u> zum Zuge kam. Ausgerechnet die beiden Strategen Moses und Elias leisteten sich jeweils einmal dieses Kunststück. Und sowohl in Moses' Fall wie auch bei Elias wiederholte jeweils ein weiteres Mal der jeweilige erste Jünger der beiden die Attraktion. Das war Josua unter Moses und Elischa unter Elias.

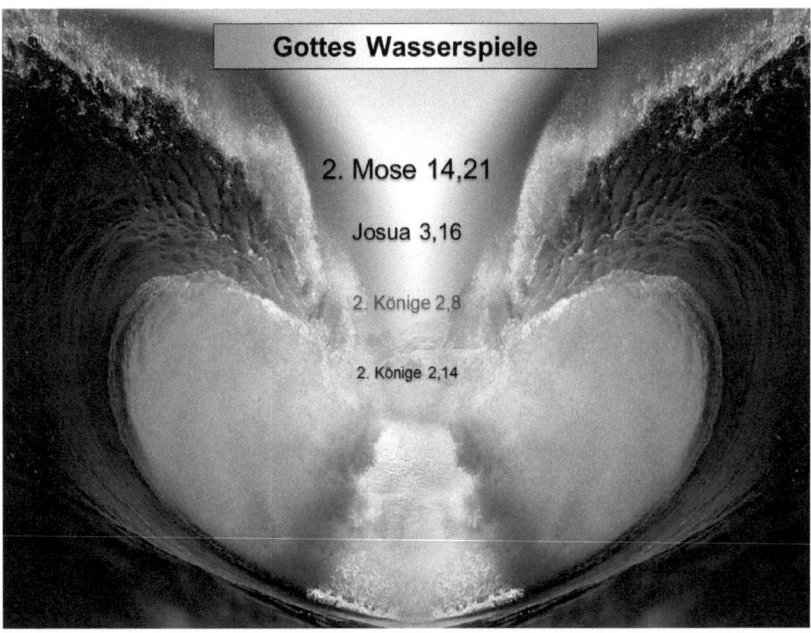

Bild: © Rael Wissdorf

Schauen wir uns den Fall Josua an. Nach Moses' Tod erhielt Josua von Gott den Auftrag, das Volk über den Jordan in das verheißene Land zu führen. Als kleine Schützenhilfe versprach Gott Josua, ihm einen „Moses-Status" in den Augen des Volkes zu verschaffen. Hierbei wollte Gott mit einem kleinen Wunder nachhelfen:

Und es wird geschehen, wenn die Fußsohlen der Priester, welche die Lade Jehovas, des Herrn der ganzen Erde, tragen, in den Wassern des Jordan ruhen, so werden die Wasser des Jordan, die von oben herabfließenden Wasser, abgeschnitten werden, und sie werden stehen bleiben wie ein Damm ... da blieben die von oben herabfließenden Wasser stehen; sie richteten sich auf wie ein Damm ... (Josua 3,13 und 16)

Auf Gottes Wirken hin richtete sich das herabfließende Wasser bei einer entfernt liegenden Stadt wie ein Damm auf und das Volk durchquerte das Flussbett in Richtung Jericho.

Bei Elias und Elischa geschah die Wasserteilung im Jordan kurz vor dem Abflug des Elias. Auf dem Weg zum Shuttle musste man den Jordan überqueren und Elias ließ das Wasser im Fluss kurzfristig aufrichten.

Auf dem Rückweg wurde Elischa allein das Kunststück mit der Wasserteilung gewährt, um – wie bei Josua auch – seine Stellvertretereigenschaft vor einer staunenden Anhängerschaft, die auf der anderen Seite des Jordan geblieben war, zu untermauern.

Wie gehen wir mit dieser Information um? Gott staute in kurzer Zeit mit einer nicht sichtbaren Kraft den Flusslauf. Wenn wir davon ausgehen, dass auch am Schilfmeer dieselbe Technik zum Einsatz kam, dann kann es keine passive Kraft, zum Beispiel in Form eines transparenten Kraftfeldes, gewesen sein, denn im ruhenden Gewässer des Schilfmeeres hätte eine passive Kraft keine stauende Funktion erfüllen können. Wir suchen also eine kontrolliert eingesetzte aktive Kraft, ähnlich unserer Gezeitenkraft.

Ist das denkbar? Der Physiker Martin Tajmar hat eine Apparatur gebaut, die das bisher Unmögliche doch möglich machen könnte: die Erzeugung von Schwerelosigkeit auf der Erde. Seine Forschungen begannen im Jahr 2003. Die Arbeiten wurden übrigens von der Europäischen

Weltraumbehörde ESA und von der US-Luftwaffe gesponsert. Im April 2008 äußerte Tajmar in einem Interview, dass die anfänglichen Arbeiten von zwei externen Organisationen sehr positiv evaluiert wurden. Tajmar scheint in der Tat ein künstliches Gravitationsfeld erschaffen zu haben. Man schließt nicht aus, dass sich zukünftig Kraftfelder erzeugen lassen, die dem Gravitationsfeld der Erde entgegengerichtet sind. Mit der künstlichen Gravitation könnte man schwere Lasten unsichtbar und mühelos zum Schweben bringen. Vielleicht lässt sich hierüber das Aufrichten des Wassers erklären.

Kapitel III

Betrachtungen zur Politik und Ideologie

A. Die Führung

Wenn wir den verdächtigen roten Faden über die erkannten Strukturen hinaus erhellen wollen, dann müssen wir erforschen, ob wir der identifizierten Struktur eine durchgängige Politik und Ideologie zuschreiben können. Erst wenn auch die führungspsychologische Handschrift durch alle Epochen denselben Anwender mit gleich bleibender Intention preisgibt, dann dürfen wir in Verbindung mit den strukturellen Untersuchungsergebnissen von zureichenden tatsächlichen Anhaltspunkten sprechen, die die Annahme rechtfertigen, dass Gott eine reale außerirdische Macht sein kann.

Dahinter stünde eine äußerst subtile Führung. Die Führung bedingt ein Führungsziel sowie Führungsmittel und Führungsinstrumente.

Das Führungsziel ergibt sich schon allein aus Gottes Spruch in 2. Mose 19,4 f. Demnach sprach er zu seinem auserwählten Volk:

Ihr habt gesehen, was ich an den Ägyptern getan habe … Und nun, wenn ihr fleißig auf meine Stimme hören und meinen Bund halten werdet, so sollt ihr mein Eigentum sein aus allen Völkern; denn die ganze Erde ist mein.

Lesen wir diesen Text mit neuzeitlichen Worten, dann dürfte dort stehen:

Ihr wisst nun, wie skrupellos und vernichtend ich sein kann … und nun, wenn ihr Respekt vor mir habt und euch mir unterwerft … so sollt ihr mein Sprungbrett um die Erde sein.

51

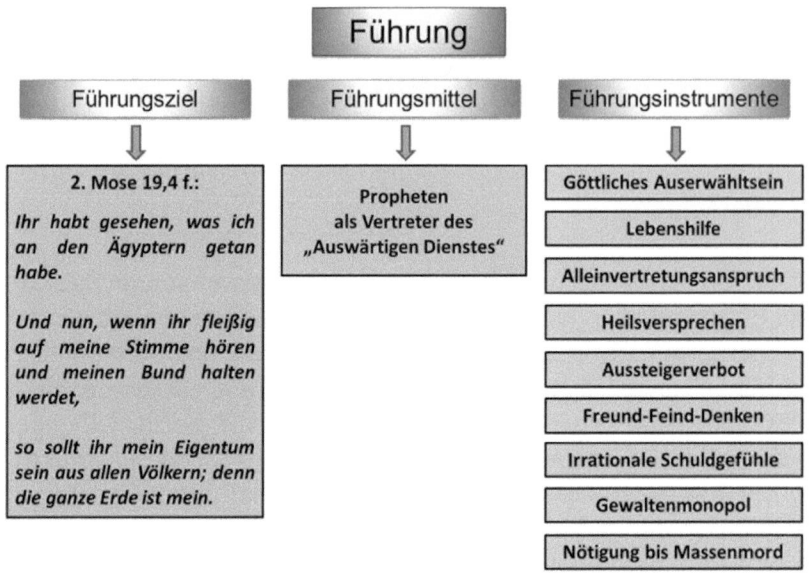

© Hubert Berghaus

Gott bediente sich durch alle Epochen eines interessanten Führungs-
mittels, nämlich der Propheten. Er erkor wiederkehrend für verschiedene politische Steuerungen Menschen, denen er eine Art Diploma-
tenstatus zuschrieb. Damit wurden sie zu Vertretern des im wahrsten
Sinne des Wortes Auswärtigen Dienstes und die allgegenwärtige
Gewissenskontrolle namens Gott hält sich darüber mystisch bedeckt.

Die Gewissenskontrolle ist überhaupt ein wesentliches Element. Jeder
Guru hat mit einem natürlichen Widerstand zu kämpfen, so auch Gott:
Das ist das Bedürfnis nach freier Entfaltung der Persönlichkeit, nicht
zuletzt die Freiheit der Weltanschauung.

Rationalismus, freier Wille und zwischenmenschliche Beeinflussungen
sind Gott zuwider, weil sie seinem Indoktrinationsprogramm entgegen-
stehen. In erster Linie gilt es also, das Gewissen unter Kontrolle zu bringen.

Mit dem Sündenfall macht Gott keinen Hehl aus seiner Arbeitsweise. Man bringt die Menschen dazu, gehorsam Handlungen zu unterlassen, die, wenn sie nicht verboten wären, aus menschlicher Sicht eigentlich gar keine Verfehlung sind. Der Hausfriedensbrecher im vormals eigentlichen Garten Eden präsentiert sich im 1. Akt als das hintergangene Opfer und der Mensch als eigentlich freier Herrscher der Erde wird mit dem vorgeblichen Sündenfall zum Sklaven und Arbeiter am eigenen Ort. Der Täter wird zum Opfer und das Opfer wird in die Täterrolle manövriert. Und das ist der springende Punkt. Es bedarf der Sünder. Nur darüber kann Gott Güte, Liebe und Erbarmen vorgaukeln und als Retter dastehen.

Damit sind wir bei den Führungsinstrumenten. Die müssten von ähnlicher Art sein wie bei einem subtil und raffiniert agierenden irdischen Sektenführer. Tatsächlich bedient Gott sich der folgenden Hilfsmittel:

- Einflüsterung des göttlichen Auserwähltseins
- Ausnutzung des Bedürfnisses nach Lebenshilfe und der Klärung individueller Lebenskrisen
- Postulieren des weltanschaulichen Alleinvertretungsanspruchs
- Verkündung nicht einhaltbarer Heilsversprechen, die Rettung und Erlösung nur denen zuteilwerden lassen, die ihr Recht auf die freie Entfaltung der Persönlichkeit aufgeben, unter anderem die Freiheit der Weltanschauung
- Bestrafung für das Verlassen der Gemeinschaft
- Freund-Feind-Denken mit tödlichen Bestrafungen
- Erzeugung irrationaler Schuldgefühle und das gleichzeitige Sich-Anbieten als Institution, die helfend zur Seite steht
- Gesetzgebung, Rechtsprechung und ausführende Gewalt in einer Person
- Nötigungen, Bedrohungen, Volksverhetzung, Mord und Massentötungen

Mir ist bewusst, dass diverse Grundsatzfragen im Raum stehen. Diese sollten eigentlich nicht erörtert werden, ehe vollends untersucht wurde, dass eine wirkliche Macht namens „Gott" Interesse an uns und unserer Erde hat. Trotzdem nehme ich an dieser Stelle zwei ausgewählte Fragen vorweg. Eine dritte maßgebliche Frage halte ich vorerst zurück.

Zwei von drei Grundsatzfragen

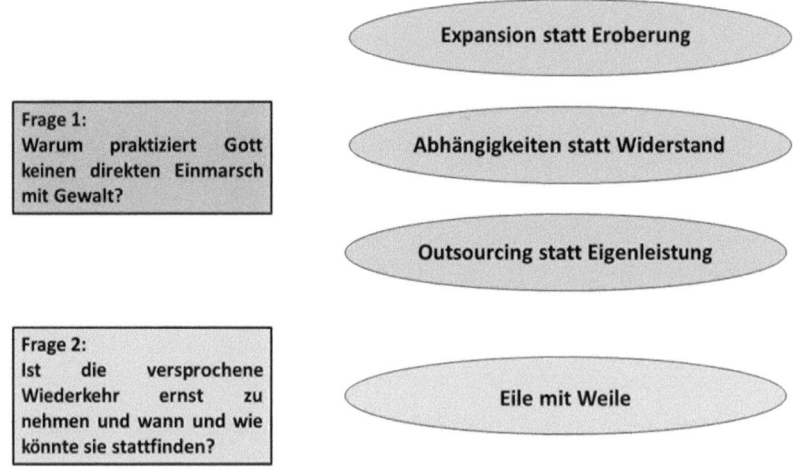

© Hubert Berghaus

1. Warum praktiziert Gott keinen direkten Einmarsch unter Anwendung von Gewalt?

Die Antwort lautet ganz einfach: Es geht um Expansion mittels Bündnisschaffung und nicht um plumpe Eroberung in Hollywood-Manier. Wir machen doch nichts anderes. Wenn ein Staat über die eigenen Grenzen hinweg wirtschaftlich und strategisch expandieren möchte, dann beschreitet der Staat einen mitunter scheinheiligen Weg, auf dem er sich in dem anvisierten Land einbringen kann. Als Nächstes vermittelt man dem dortigen Volk seine Wertvorstellungen, baut diplomatische Beziehungen auf und man schafft aus seiner mächtigen Position heraus Abhängigkeiten.

So erntet man keinen Widerstand und das spart Ressourcen. Welchen Aufwand müsste man ansonsten betreiben, um alles unter Kontrolle zu halten und vor allen Dingen zu bewirtschaften? Das überlasse ich doch lieber dem mir fortan zugewandten Personal des Landes.

Dieses normale politische Verhalten gilt natürlich ebenso für die Expansion im Weltraum. So wie wir auf unserem Planeten von Land zu Land vorgehen, so handelt man logischerweise auch von Planet zu Planet. Alles ist relativ. Das gilt auch für den Aufwand, der in Relation zum Erfolg stehen sollte. Gottes Kapitalertrag ist immerhin ein Planet. Die Erde ist ganz sicher nicht das einzige Eisen im Feuer. Diese Protektorate unter Selbstverwaltung sind wichtige Orte, an denen Gott wirtschaftlich und strategisch auftanken kann. Dazu müsste er wiederkehren. Ja und? Das hat er doch versprochen.

2. Daraus ergibt sich die zweite Frage: Ist die versprochene Wiederkehr ernst zu nehmen und wann und wie könnte sie stattfinden?

Ganz sicher nimmt Gott keinen ersten Kontakt mit der breiten Masse der emotional Abhängigen auf, denn das würde einen Glaubenskollaps mit vernichtenden Auswirkungen für die Wirtschaft und Gesellschaft provozieren. Die Wiederkehr kann nur hinter verschlossenen Türen stattfinden. Aber auch hier sollte gelten: Es darf den Bündnispartner nicht umwerfen, wenn Gott exklusiv am Hintereingang anklopft. Das bedingt einen technologisch und geistig-wissenschaftlich gut gerüsteten Global Player, der in geistiger Eigenarbeit Gott als eine reale außerirdische Größe identifiziert hat.

Wie könnte dieses rückwärtige Einfallstor beschaffen sein? Nehmen wir an, Gott hat für seine Anerkennung auf unserer Erde auf ein noch heute intaktes Tatmittel gesetzt: die *Heilige Schrift*. Das dürfen wir in Betracht ziehen, weil eine rein menschliche Leistung für das gewaltige und schlüssige Drehbuch auszuschließen ist.

Dann müssten wir uns die folgende Frage stellen: Wenn die *Heilige Schrift* eine Fassung aus Gottes Lektorat sein soll, warum ließ er dann technologische und interaktive Begebenheiten einfließen, mit denen wir ihn als eine gewöhnliche außerirdische Instanz aus Fleisch und Blut entlarven können?

Meine Antwort auf diese Frage lautet: Das ist beabsichtigt. Spätestens ab dem Raumfahrtzeitalter darf Gott eine solche Reflexion erwarten. Damit bestimmt nicht Gott den Zeitpunkt seiner Wiederkehr, sondern die technologische und geistige Reife des Bündnispartners.

Es könnte also alles andere als unlogisch sein, dass wir in der Heiligen Schrift rund um den Chef und um seinen Mitarbeiterstab hochtechnologische Vorgänge und geradezu menschlich anmutende Episoden von Macht, Neid, Zuwendung und Bestrafung vorfinden. Die tiefere Funktion des Tatmittels *Heilige Schrift* wäre demnach das allmähliche Heranführen maßgeblicher Vordenker an den nüchternen Fakt der ausstehenden Einforderung aller Lippenbekenntnisse an Gott. Wo ist das Problem? Es würde uns heute keine Schwierigkeiten mehr bereiten, Teile des Militärs in Gottes Heerscharen zu integrieren. Reisen ins Weltall sind keine Utopie mehr und man würde sich schnell in die – sicherlich anwenderfreundliche – hochzivilisatorische Technologie einfinden.

Zurück zur Untersuchung des roten Fadens. Beleuchten wir nun anhand dreier Beispiele ein und dieselbe führungspsychologische Handschrift in verschiedenen Epochen.

B. Göttliche Altlasten

Im ersten Fall geht es sogar um eine persönliche Angelegenheit Gottes. Das spricht doch einmal mehr für seine Realität. Die kurze Vorgeschichte ist schnell erzählt. Werfen wir dazu noch einmal einen Blick auf den frühzeitlichen Vertreter des Auswärtigen Dienstes namens Henoch. Von dem biblischen und vorsintflutlichen Führungsmittel Henoch erfahren wir, dass Gott zu Beginn seines Wirkens einen Aufklärungstrupp auf die Erde schickte, bestehend aus zweihundert groß gewachsenen Söldnern, aufgeteilt in zwanzig Gruppen mit je einem Gruppenführer und neun Einsatzkräften. Henoch nennt an die dreißig Namen auf Gottes Lohnliste. Einige der hünenhaften Söldner wurden abtrünnig, ließen sich mit den Menschen ein und wurden auf der Erde sesshaft. Gott stellte fest, dass die oberste Direktive verletzt wurde, die da heißt: keine Herausgabe von Informationen, die aus dem Erdenpersonal zu früh weltanschaulich frei denkende Gotteskritiker werden lassen könnten. Gott sah seine geplante massive ideologische Beeinflussung durch eine voreilige kosmische Wissensvermittlung in Gefahr. Es galt, die Spreu vom Weizen zu trennen. Der „Weizen" waren die „unberührten" Menschen, die noch nicht von den gottgleichen Abtrünnigen erreicht worden waren. Der „Spreu" ließ der ach so liebe Gott keine Chance zur Buße. Ein rachsüchtiger Mafiosi würde nicht anders handeln, wenn er eine zum Feind gewordene Familie auslöscht, so dass sie

… keinen Frieden noch Vergebung finden. So oft sie sich über ihre Kinder freuen, werden sie die Ermordung ihrer geliebten [Söhne] sehen und über den Untergang ihrer Kinder seufzen; sie werden immerdar bitten, aber weder Barmherzigkeit noch Frieden erlangen. (1. Henoch I b) Kap. 12)

Seien wir zu Recht entsetzt! Das sind Anweisungen aus dem „Himmel"! Menschen, die sich über ihre Kinder freuen, sollen der Ermordung ihrer Lieben zusehen!

Wo aber steckt nun die göttliche Altlast im Detail, also das, was Gott persönlich an die Nieren ging und was die echte Schöpfungskraft unseres Universums wohl kaum zum Thema erheben würde?

Unter den von Henoch mitgeteilten Namen aus Gottes Söldnertruppe finden wir unter anderen die desertierte Person Asasel. Zusammen mit den weiteren Deserteuren ging Asasel eine familiäre Allianz mit den Erdenbürgern ein. Laut Henoch teilte er mit den Menschen sein Wissen in Sachen Metallverarbeitung, Waffenherstellung und Kosmetik. Und tatsächlich ist Asasel ein uralter orientalischer Gott.

Das gilt auch für den kanaanitischen Gott Baal. Gott macht in etlichen biblischen Versen keinen Hehl daraus, dass insbesondere Baal ihn zur Verzweiflung brachte.[11] Die Bevölkerung war noch im Jahr 1000

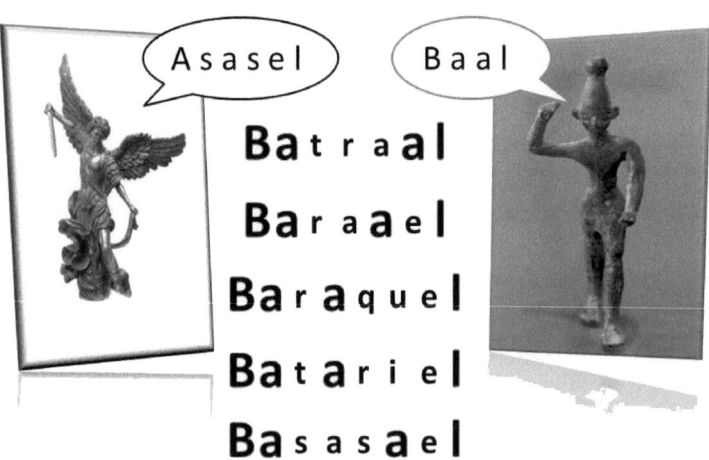

---

[11] 4. Mose 22,41; Richter 2,13 ff.; 1. Könige 16,31 ff.; 2. Könige 1,2 ff.; Jeremia 2,8 ff.; Hosea 2,8 ff.; Zephanja 1,4

vor Christus nicht in der Lage, den biblischen Gott von Baal zu trennen.[12] Gott verurteilte diese Gleichsetzung sogar ausdrücklich auf das
Schärfste (vergleiche Hosea 2,16 f.). Schauen wir in die Namenliste bei
Henoch, dann finden wir neben Asasel auch den Söldnernamen Bat-
raal und vier weitere wortverwandte Namen. Diese Personen brachten
den Menschen die Sternenkunde und vieles mehr nahe.

Vielleicht ist die Bezeichnung Baal nur ein Synonym für die alten Gottheiten. Aber ganz sicher fallen die Götter nicht reihenweise vom Himmel. Die grundsätzliche Namensverwandtschaft zu Baal ist unüber-
sehbar. Wenn die Bevölkerung noch zur alttestamentarischen Zeit den
biblischen Gott und Baal in ihren Köpfen nicht auseinanderdividieren
konnte, dann lag es vermutlich daran, dass sowohl der biblische Gott
als auch Baal aus einem Stall kamen.

Es läge doch in der Natur der Sache, dass Asasel und seine desertierten
Gefährten mit ihrer Entscheidung, unter den Erdenbürgern zu leben,
nicht mehr den Raum-Zeit-Kapriolen des Universums unterlagen, das
heißt, im Gegensatz zu Gott führten sie ihr Leben über die Erde verteilt
zu Ende, aber nicht, ohne sich über ihren Götterstatus weltweit ver-
streut lokale Götterdenkmäler zu setzen. Vielleicht lassen sich überdies
die weltweiten Gottheiten von A bis Z, von Apollon bis Zeus, erklären.
Ich sehe sogar konkrete Anhaltspunkte für die Annahme, dass selbst
die Götter des Hinduismus aus dieser Mannschaft stammen könnten.
Sehen Sie in den hinduistischen Gottheiten keine sechsarmigen Fabel-
wesen und ähnlich falsche Fremdeindrücke. Die einhundertundacht
Götter im Hinduismus lassen sich auf drei maßgebliche Personen redu-
zieren, die – man höre und staune – der Überlieferung nach drei normale Männer waren. Diese Leute sollen einen Draht zum nicht greifba-
ren Gottgeist im Universum gehabt haben und – man höre und staune

---

[12] Zu Asasel und Baal siehe: Langbein, Walter J.: *Das verlorene Symbol und die Heiligen*
Frauen – Das wahre Geheimnis des Salomon-Schlüssels; Ancient Mail Verlag 2013,
Seiten 14 ff. und 45

nochmals – sie wirkten vor rund fünftausend Jahren mit wundersam fortschrittlichen Fähigkeiten. Das war das Zeitalter Henochs und der „gefallenen Engel"! Da möchte ich eher nicht an einen Zufall glauben.

Wie dem auch sei. Wir können Gottes Feldzüge gegen seine schattenhafte Konkurrenz verstehen. Baal musste ein für alle Mal aus den Köpfen der Menschen verschwinden. In herausragender Weise statuierte Gott noch um 1000 vor Christus ein aufwändiges, öffentlichkeitswirksames Kräftemessen zwischen dem schon lange nicht mehr lebenden Baal und Gott.

Bild: © Rael Wissdorf

Gott ließ über sein Einsatzmittel Elias eine Zirkusarena aufbauen, um dort mit einem inszenierten Schauspiel den Baal-Glauben der Lächerlichkeit preiszugeben. Als Zugabe gab es ein Schlachtfest, aber nicht kulinarischer Art. Elias führte die Vertreter des Baal-Glaubens … *hinab an den Bach Kison und schlachtete sie daselbst* (1. Könige 18,40). Das waren vierhundertundfünfzig Menschen.

Als Nachschlag ermordete Gott in einer Luft-Boden-Aktion einhundertundzwei Militärangehörige des betroffenen Königshofes. Er ließ den Opfern nicht einmal die Chance zum Glaubenswechsel zu Gott.

Frage: Wäre Gott eine von den Menschen erfundene Größe, hätte man dann auf die Baal-Sache einen so großen kleinlichen Wert gelegt?

Oder von der anderen Warte betrachtet: Hätte die wahre Schöpfungskraft des Universums Hand in Hand mit Elias fünfhundertzweiundfünfzig Menschen ermordet, nur weil sie sich einer ausgedachten Gottheit zuwandten?

Dieser Stachel saß sogar so tief, dass Gott noch zweihundert Jahre später über das Führungsmittel Hosea seine Eifersucht erklären ließ: *Und es wird geschehen an jenem Tage, spricht Jehova, da wirst du mich nicht mehr nennen: Mein Baal. Und ich werde die Namen der Baalim aus ihrem Munde hinwegtun, und sie werden nicht mehr mit ihrem Namen erwähnt werden. (Hosea 2,16 f.)*

Die Namen der Baalim. Das könnten die uns namentlich bekannten, quasi vom Himmel gefallenen Außerirdischen der ersten Stunde sein:

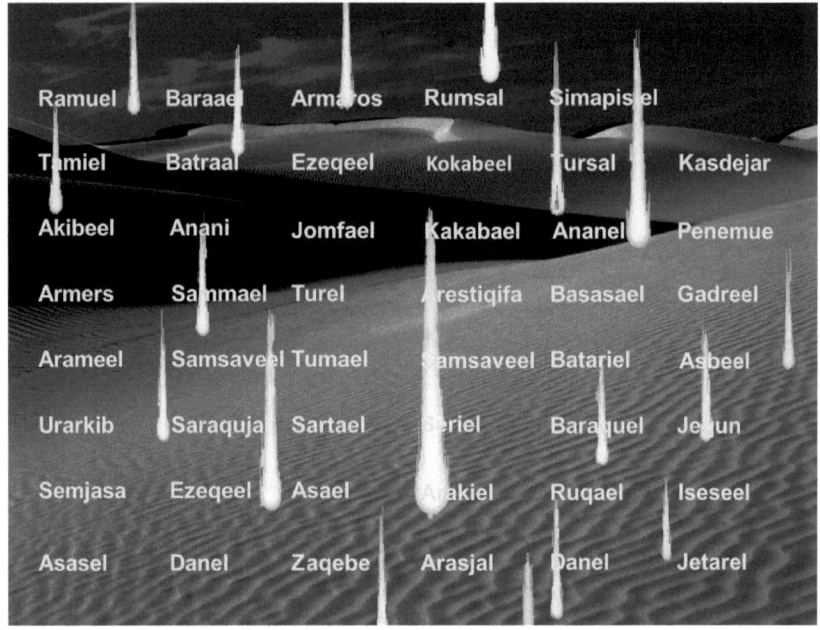

Ramuel	Baraael	Armaros	Rumsal	Simapisel	
Tamiel	Batraal	Ezeqeel	Kokabeel	Tursal	Kasdejar
Akibeel	Anani	Jomfael	Kakabael	Ananel	Penemue
Armers	Sammael	Turel	Arestiqifa	Basasael	Gadreel
Arameel	Samsaveel	Tumael	Samsaveel	Batariel	Asbeel
Urarkib	Saraquja	Sartael	Ariel	Baraquel	Jetun
Semjasa	Ezeqeel	Asael	Arakiel	Ruqael	Iseseel
Asasel	Danel	Zaqebe	Arasjal	Danel	Jetarel

Bild: © Rael Wissdorf; Die Namen der gefallenen Engel

Es gibt noch mehr Wutausbrüche Gottes in Sachen gefallener Götter. Noch hundert Jahre nach Hosea ließ Gott über das Führungsmittel Zephanja eine Bedrohung und Nötigung aussprechen:

Ich werde aus diesem Orte den Überrest des Baal, den Namen der Götzenpriester samt den Priestern ausrotten. Ich werde Menschen und Vieh wegraffen und die Ärgernisse samt den Gesetzlosen; und ich werde die Menschen ausrotten von der Fläche des Erdbodens. (Zusammenstellung aus Zephanja 1-4).

Die gleiche führungspsychologische Handschrift erkennen wir abseits der *Bibel* in der uralten Henochschrift. Aus den Partnerschaften zwischen den abtrünnigen Söldnern der ersten Stunde und den Menschen waren kleine Familienparadiese hervorgegangen. Damit einher gingen kulturelle und vor allem wissenschaftliche Entwicklungssprünge. In einem persönlichen Gespräch mit Henoch schimpfte der Schöpfer über die Verbreitung des *nichtigen Samens*. Er war beleidigt, weil die schlau gewordenen Menschen seine Fron verwarfen. Weil

… sie Gott nicht fürchten und mich nicht verehren … und sie haben meine Einzigkeit abgewiesen … und deshalb werde ich eine Flut über die Erde bringen, und ich werde alles vernichten, und die Erde selbst wird in einem großen Schlamm zerstört werden … (2. Henoch Kap. XXXIV)

Sogar in der *Bibel* finden wir rund tausend Jahre später die gleichen Wutausbrüche wie bei Henoch. Hier nur ein kleines Beispiel:

Wenn ihr mir aber nicht gehorcht … und wenn ihr euch … von mir nicht zurechtweisen lasst … will ich wilde Tiere unter euch senden, die sollen eure Kinder fressen und euer Vieh zerreißen … und ich werde eure Städte zur Öde machen und eure Heiligtümer verwüsten … (Zusammenstellung aus 3. Mose 26,14-31)

Erneut droht Gott mit dem Tod unserer Kinder! Der Wiederholungstäter präsentiert sich also auch in der *Bibel* als ein potenzieller Kindermörder. Das können wir weder verdrängen noch schönreden.

Gehen wir noch einmal zurück zu Henoch. Noch vor der praktizierten Sintflut und vor Henochs Predigereinsatz auf der Erde erhielt der biblische Patriarch von Gott persönlich den letzten Schliff. In einer überhöhten Selbstdarstellung zeigt sich der liebe Gott wie ein irdischer Diktator:

Und nun, Henoch, was ich dir gesagt habe, und was du erkannt hast, und was du in den Himmeln gesehen hast, und was du auf der Erde gesehen hast, und was du in Büchern niedergeschrieben hast, durch meine große Weisheit habe ich erdacht, dies alles zu schaffen … es gibt keinen Berater noch Nachfolger für meine Schöpfung. Ich bin selbst-ewig … Meine

Weisheit ist mein Berater, und mein Wort ist Tat, und meine Augen schauen auf alles. Wenn ich herabsehe auf alle, dann stehen sie und erzittern vor Furcht. Wenn ich aber mein Gesicht abwende, so wird dieses alles vernichtet ... Alle Heere habe ich geschaffen, und alle Kräfte, und es gibt keinen, der mir widersteht oder mir nicht gehorchte. Denn alle gehorchen meiner Alleinherrschaft und dienen meiner alleinigen Macht. Und ... sie werden ... mich als den Schöpfer aller Dinge erkennen. Und sie werden verstehen, dass kein anderer ist außer mir ... Gehe hinab auf die Erde und berichte deinen Söhnen, soviel ich zu dir geredet habe ... (2. Henoch Kap. XXXIII)

All diese Eskapaden gründen auf ein und demselben Sach- und Sinnzusammenhang mit ein und derselben Handschrift von vor der Sintflut bis zu den kleinen Propheten nahe an das Jahr null und – wie wir gleich noch sehen werden – auch weit darüber hinaus bis in unsere Gegenwart.

Wir müssen uns die Frage stellen: Wer ist der Profiteur aller Vorgaben, Verfügungen und Gesetze? Allein unser galaktischer Schutzgelderpresser namens Gott ist der Nutznießer. Nur er reklamiert von alters her unsere Erde für seine Zwecke. Da ist kein irdischer Machthaber erkennbar. Dafür ist all das viel zu langatmig angelegt. Eine konkrete irdische Politik hält nie länger als wenige Jahrzehnte. Und selbst ausgedachte Geschichten halten sich nicht über Jahrtausende an ein und dasselbe Drehbuch.

Fassen wir die bis hierher erkannten Führungsinstrumente zusammen. Wir erkennen

- Freund-Feind-Denken mit tödlichen Bestrafungen,
- Nötigung, Bedrohung, Massenmord,
- Bestrafung für das Verlassen der Gemeinschaft,
- Postulieren des weltanschaulichen Alleinvertretungsanspruchs.

C. Eingriffe in die Weltpolitik

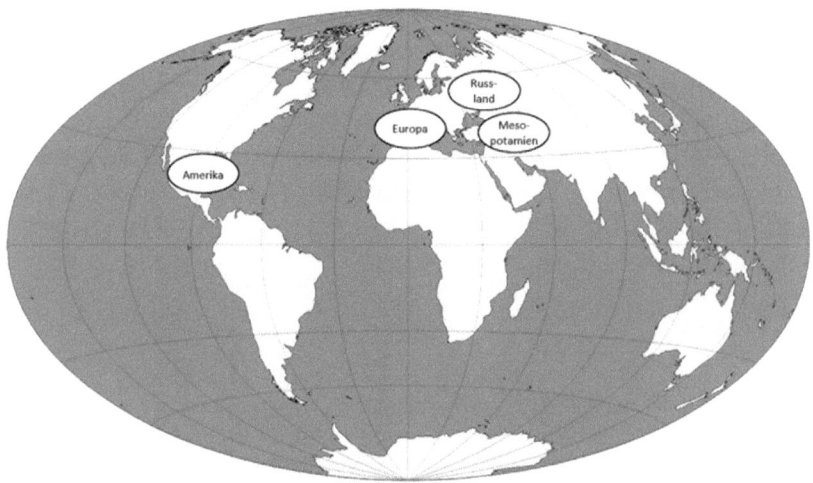

Sobald eine als gottlos erachtete Regierung sich zu einer Großmacht mauserte, steuerte der Menschenfischer dagegen. Das war um 800 vor Christus in Ninive nicht anders als im Jahr 1531 in Mittelamerika und im Jahr 1917 in Portugal mit einem starken Bezug zu Russland.

Im Falle Ninives setzte Gott die Führungsmittel Jona, Nahum und Zephanja ein.

In der neuzeitlichen Begebenheit nutzte er Schwester Lucia aus Fatima, die erst im Jahr 2005 verstarb.

Zu der Sache von 1531 komme ich zum Schluss.

Ninive war eine mesopotamische Stadt am Tigris, heutiger Nordirak. Im 1. Jahrtausend vor Christus stellte Ninive ein Handelszentrum von weitreichender Bedeutung dar. Der König und die Einwohner scherten sich nicht um Gott. Damit war das einflussreiche Ninive ein gefährlicher

Gegenpol zu Gottes Vereinnahmungspolitik. Gott ließ über Jona eine eindeutige Nötigung verkünden: unbedingte Gottestreue oder Zerstörung und Tod. Der König von Ninive wusste sicherlich um die Gefahr, die von dem Egozentriker ausgehen konnte. Wenn es nur darum ging, die Gottheit zu wechseln und ein paar kostenlose Lippenbekenntnisse auszusprechen, was sollte es? Gott war vorerst besänftigt. Letztlich musste er aber zur Kenntnis nehmen, dass die Bevölkerung der großen Stadt nicht mitspielte. Und so folgte doch die unwiederbringliche Zerstörung Ninives. Das teilt Gott uns über die späteren Führungsmittel Nahum und Zephanja so nebenbei mit.

Bild: © Rael Wissdorf; Handelsmetropole in der Antike. Entnommen aus: Yanthalbor (Fantasyroman von Rael Wissdorf)

In Sachen Ninive erkennen wir unschwer die Führungsinstrumente Nötigung und das Freund-Feind-Denken mit tödlichen Bestrafungen.

Bei den komplexen und glaubwürdigen Auftritten Gottes in Fatima ließ Gott das damals gottfeindliche Russland anprangern. Man höre und staune, um was er sich nach wie vor alles kümmerte. Wie früher in Sachen Ninive sah Gott erneut einen großen Staat als einen potentiellen Gegenpol zu seiner Vereinnahmungspolitik heranwachsen. Er forderte die Einführung einer Sühnekommunion und

… Russland wird sich bekehren und es wird Friede sein. Sonst wird es seine Irrtümer in der Welt verbreiten und Kriege und Verfolgungen gegen die Kirche heraufbeschwören … [13]

Ob die spätere Glasnost und die bis heute anhaltende Zunahme der christlichen Religiosität in Russland[14] tatsächlich tatsächlich auf das Konto Gottes gehen, wissen wir nicht. In jedem Fall konnte Gott das ehemals gottfeindliche Portugal schon bald nach 1917 auf seiner Habenseite verbuchen.

In Fatima arbeitete Gott über sechs Monate hinweg öffentlich vor zigtausend Zuschauern mit einer Art Hologrammtechnologie und Illumination, die es damals noch nicht geben durfte. Eine Massensuggestion der enormen Zuschauermenge von zuletzt circa 50000 Personen dürfen wir ausschließen, weil das Himmelsspektakel sogar in über fünf Kilometer Entfernung von unwissenden Personen wahrgenommen wurde.[15]

Einen vergleichbaren, aber doch ungleich größeren Coup landete Gott in Mittelamerika vor knapp fünfhundert Jahren. Es ist der bisher größte Fischzug Gottes auf einen Schlag. In dieser Sache scheinen wir noch heute über einen Sachbeweis zu verfügen.
Der Hintergrund ist schnell zusammengefasst: Im Jahr 1531 wurde ein Indio auf einem Berg nördlich von Mexiko-Stadt mit einer

---

[13] Casimir Barthas: *Die Kinder von Fatima*; Kanisius Verlag; 7. Auflage 1993; Seite 90

[14] STIMME RUSSLANDS http://german.ruvr.ru/news/2013_12_24/Umfrage-Russen-werden-immer-religioser-1096/

[15] Casimir Barthas, Seite 123 f.

Frauenerscheinung nach Fatima-Art konfrontiert. Diese erklärte den Indio kurzerhand zu einem Diplomaten Gottes und sandte ihn mit einem konkreten Auftrag zum örtlichen Bischof. An der Stelle der Erscheinung sollte ein Heiligtum Gottes errichtet werden. Tatsächlich steht dort heute eine der größten Kathedralen. Die verlangte Gotteszuwendung wurde mit einem Kunststück untermalt. Der Indio sollte Rosen pflücken, und zwar an einem Ort, wo eigentlich keine Rosen wuchsen. Die Rosen sollte er in seinem Umhang, der so genannten Tilma, zum Bischof bringen. Die Einlasskontrolle zu den bischöflichen Räumen erinnert uns an die Hologrammtechnologie in Fatima. Die Rosen waren zu sehen, aber immer wenn die Wache danach greifen wollte, griffen sie durch die Blumen ins Leere. Vor dem Bischof breitete der Indio seinen einfachen Umhang aus und wie von Zauberhand wurde aus den Rosen das Bild *Unserer Lieben Frau* auf dem Cape. Diese Ereignisse sind in einem schriftlichen Bericht aus der damaligen Zeit im Detail festgehalten.

Ich kann hier nur auf die Bücher von Gisela Ermel[16] und Paul Badde[17] verweisen. Offenbar ist es ein unumstößlicher Fakt,

- dass wir bis heute nicht wissen, mit welcher Arbeitsweise und mit welchen Materialien vor fast fünfhundert Jahren das Bild der Gottesmutter auf den Umhang eines Indios geprägt wurde
- dass die zugestandene Haltbarkeitsdauer des Umhanges aus Agavenfasern nur wenige Jahre beträgt, dieser jedoch trotz seines hohen Alters und massiver schädlicher Umwelteinflüsse keinerlei Materialermüdung zeigt

---

[16] *Rätselhafte Tilma von Guadalupe;* Argo Verlag, 2002

[17] *Maria von Guadalupe;* List Taschenbuch, 2005

–   und dass erst mit den Digitaltechniken der letzten Jahrzehnte
eine ungeheuerliche Entdeckung gemacht wurde, denn erst in
der zweitausendfünfhundertfachen Vergrößerung beider Augen soll man auf den Pupillen die Spiegelung der letzten Szene
aus dem heute noch vorliegenden schriftlichen Bericht in dieser Sache erkennen können, nämlich eine Personengruppe bestehend aus dem Indio, dem Bischof und seinem Dolmetscher,
einer Frau, einem bärtigen Spanier und einer Indiogruppe mit
Kind bis hin zu diversen Details.

Augenärzte, Spezialisten der Fotofirma Kodak und Fachleute für di-
gitale Bildbearbeitung sind zu dem Ergebnis gekommen, dass die
Bilder in beiden Augen den Charakter einer Fotografie haben; es sei,
als schaue man in echte, lebendige Pupillen. Dabei soll es sich um

Lichtreflexe in einer Konfiguration handeln, wie sie im menschlichen Auge erst seit den 80er Jahren des 19. Jahrhunderts bekannt sind. Es werden Phänomene beschrieben, die niemals auf Gemälden beobachtet werden können.

Ganz wichtig ist: Die Bilder sind in beiden Augen zu sehen, und zwar um den Faktor verschoben, in dem sich ein Bild in den Augen eines einzigen Augenpaares verschieden widerspiegelt. Insofern kann auch eine individuelle Deutung unbestimmter Formationen nicht als eine mögliche Erklärung gelten. Somit dürften die Augen einen „Link" zur jahrhundertealten schriftlichen Überlieferung in dieser Sache enthalten.

Schauen wir nun einmal weniger auf die Tilma als vielmehr darauf, was dieses Tuch bewirkt hat. Damit meine ich den durchschlagenden religionspolitischen Erfolg der Diplomatenmission. Obwohl die Urbevölkerung nur Gräueltaten im Namen Gottes erfahren hatte, ließen sich Tausende und Abertausende innerhalb kurzer Zeit taufen. Nur unter dem Einfluss des Bildes wurde aus spanischen und aztekischen Todfeinden plötzlich das neue Volk der Mexikaner. Ganz Lateinamerika bis hinunter nach Feuerland wurde auf einen Schlag unserem großen Monotheismus hinzugefügt!

Wer hatte ein starkes Interesse an dieser immensen religionspolitischen Steuerung? Vorgestern Mesopotamien, gestern Amerika und gerade eben noch Portugal und Russland. Wer konnte 1917 komplexe Hologramme erzeugen und mit dem Licht der Sonne spielen? Wer konnte im Jahr 1531 mit Pinseln malen, die offenbar nicht von dieser Welt stammen? Bringen Sie nicht leichtfertig die Miniaturmaler und Illuminatoren des Mittelalters ins Spiel. Warten Sie das nächste Kapitel ab und Sie werden erfahren, dass es im selben Sach- und Sinnzusammenhang zwei weitere Bilder gibt, deren Herstellung bewiesenermaßen mit keiner irdisch bekannten Technologie erklärt werden kann.

Eines ist zumindest klar: An allem steht Gott. Es geschah nicht im Namen Gottes, sondern seitens Gottes. Konsequenterweise müssen wir weiterdenken: Es gibt keinen vernünftigen Grund für die Annahme, dass die Macht „Gott" ihre Aktivitäten nach Fatima einstellte.

Kapitel IV

Die Sachlich-richtig-Zeichnung

Es geht noch weiter mit den Ungeheuerlichkeiten: Wir scheinen hier auf unserer Erde über zwei irdisch nicht erklärbare Sachbeweise zu verfügen, die dokumentieren, dass die *Bibel* auf einem Manuskript Gottes beruht! Es handelt sich quasi um eine Unterschrift Gottes, mit der er die Korrektheit der biblischen Vorgänge sachlich richtig zeichnet.

In diesem Zusammenhang bin ich noch die dritte Grundsatzfrage schuldig. Diese lautet: Könnte die *Heilige Schrift* ein Tatmittel Gottes sein?

Ja, und – das ist wichtig – die Vorgänge dürften sich real ereignet haben.

Warum? Betrachten wir dazu Abraham. Gott schlug mit Abraham einen gewaltigen Nagel in die irdische Wand. Abraham wurde zum zentralen Aufhänger des Glaubenslebens schlechthin. Meines Erachtens beruht die Geschichte auf tatsächlichen Begebenheiten. Es hätte keinen praktischen Nutzen gehabt, wenn Gott ausgerechnet bei der Stammvaterinszenierung lediglich ein „Es war einmal …"-Märchenbuch aufgelegt und unter das Volk gebracht hätte, denn dann hätte es am geistigen Virus gemangelt, dem so genannten Mem. Das ist wichtig und es darf nicht unterschätzt werden.

Was steckt dahinter? Selbst die vermeintlich größte menschliche Errungenschaft, die Kultur, beruht nicht ausschließlich auf unserem Einfallsreichtum. Die Meme sind die Grundbausteine der Kultur. So wie die Gene sich durch Fortpflanzung replizieren, so verbreiten sich die Meme durch Imitation. Die Entwicklung der Sprache ist wohl das wichtigste Produkt der Meme. Meme springen wie ein Virus von Gehirn zu Gehirn über. Dabei gilt auch unter den Memen der evolutionäre Ausleseprozess, denn nur das erfolgreiche Verhalten wird imitiert.

Ein Mem kann sich aber nur dann manifestieren, wenn es auf persönlichen Erfahrungen beruht. Ohne die öffentliche Aufmerksamkeit setzt sich kein Mem in unseren Köpfen fest. Das bedeutet: Eine erfundene Schrift hätte für den globalen Erfolg des falschen Gott-Mems nicht genügt.

Ein reales Theater ohne Drehbuch hätte aber auch nicht genügt, denn ausschließlich mündliche Überlieferungen leiten keine konkreten Sachverhalte und Gesetze durch alle Epochen weiter. Also musste die Bevölkerung es lesen und kopieren können.

Brachte Gott die Keilschriftgriffel ins Spiel? Die Entstehung der Schrift nahm ihre Anfänge im 4. Jahrtausend v. Chr. Zu der Zeit fing man in Mesopotamien damit an, die landwirtschaftliche Buchführung, die soziale Verwaltung und die Eigentumsbeurkundungen in Keilschrift festzuhalten.

Komischerweise begann die Schule Gottes ebenfalls im 4. Jahrtausend v. Chr. Die Bibel macht keinen Hehl aus diesem Datum. Laut dem Drehbuch betrat Gott unseren Planeten vor ca. 6000 Jahren zum ersten Mal.

Nach der Erstellung meiner Sachbuchtrilogie wurde ich auf das Grabtuch von Turin sowie das Muschelseidentuch von Manoppello *(Schweißtuch der Veronika)* aufmerksam und ich war erstaunt, dass meine Annahme von der Bibel als ein Tatmittel des real existierenden Gottes mit diesen Objekten scheinbar untermauert wird. Deren Echtheit vorausgesetzt würde es sich quasi um eine Unterschrift Gottes handeln, mit der er die Korrektheit der biblischen Vorgänge sachlich richtig zeichnet.

Ich sagte es bereits im Vorwort: Vor dem Hintergrund des Unternehmens Gott sehe ich eine Synthese zwischen dem Glauben an eine göttliche Herkunft und den Fälschertheorien. Demnach wäre das Tuch authentisch und ein Fake zugleich, das heißt, es könnte eine Urkundenfälschung aus Gottes Hand sein, also ein echtes Führungsmittel aus Gottes Fälscherwerkstatt, mit der die biblischen Handlungen abgezeichnet werden.

Könnte die Heilige Schrift ein Tatmittel Gottes sein?

Bild: © Rael Wissdorf

Dieser Verdacht kann aber <u>nur dann</u> begründet sein, wenn sämtliche wissenschaftlichen und sonstigen methodisch erhobenen Untersuchungsergebnisse wahr sind und wenn das Grabtuch sowie das andere Objekt nach wie vor original sind! Dann wird es wirklich interessant.

A. Das *Grabtuch von Turin*[18]

Betrachten wir also die bekannte Chronologie und die Untersuchungsergebnisse zum Grabtuch:

1204: Laut einer Notiz des Kreuzritters Robert de Cléry befand sich das Tuch in einer byzantinischen Kirche. Jeden Freitag wurde es in seiner ganzen Länge zur Schau gestellt. Man hatte den Abdruck, den Leichnam Christi von vorne und von hinten erkennen können. Venezianische Expertentrupps raubten damals gezielt Reliquien. Das Tuch verschwand spurlos.

1356: Der französische Ritter Geoffroy de Charny baute eine Stiftskirche in Lirey in der Champagne. Dort wurde ein ebensolches Tuch wie das von de Clery beschriebene ausgestellt.

1578: Das Grabtuch von Lirey war bereits im Besitz des Hauses Savoyen. Der Vatikan spricht plötzlich deutlich aus, dass es mit dem echten Blut Christi gefärbt sei. 1578 wird das Tuch aus den Händen des Hauses Savoyen in die Kathedrale von Turin überführt.

1898: Der Rechtsanwalt und Hobbyfotograf Secondo Pia erhielt die Erlaubnis, das Tuch zu fotografieren. Auf dem entwickelten Fotonegativ war kein Negativ zu sehen, sondern ein positives Bild. Somit ist das Grabtuchbild mit Ausnahme der Blutflecke im Grunde ein Fotonegativ. Es war der Beginn der Grabtuchforschung.

1931: Das Tuch wurde zum zweiten Mal fotografiert. Der Anlass war die Hochzeit des letzten italienischen Königs aus dem Hause Savoyen (Umberto II., zu dem Zeitpunkt noch Kronprinz). Der damals führende

---

[18] Auf der Grundlage von Ermel, Gisela: *Das Turiner Grabtuch – Das Rätsel des Todes und der Auferstehung Christi in neuer Sicht*; Mediengruppe König, Greitz/Thüringen 2008 und Badde, Paul: *Das Grabtuch von Turin;* Pattloch 2010

Berufsfotograf Giuseppe Enrie erhielt den Auftrag. Die professionellen Aufnahmen bestätigten den seltsamen Negativeffekt.

1969: Die erste umfassende Untersuchung des Grabtuches durch eine wissenschaftliche Kommission wurde anberaumt, und zwar durch Umberto II. und einen Kardinal. Man wollte den Erhaltungszustand feststellen, neue Fotos anfertigen und Methoden zur optimalen Aufbewahrung erörtern.

1973: Es fanden weitere Forschungen durch dieselbe Kommission wie 1969 statt. Unter anderem entnahm der Mikrobotaniker und Kriminalist Dr. Max Frei Staubproben für die Untersuchung auf Pollen im Tuch. Demnach kamen nur siebzehn von fast sechzig Pflanzenarten, von denen sich Pollen auf dem Grabtuch befanden, in Frankreich und Italien vor, wo das Tuch seit dem 14. Jahrhundert aufbewahrt wurde. Es wurden hingegen vierundvierzig Pflanzenarten mittels der Pollen festgestellt, die für die Flora in und um Jerusalem typisch sind. Demnach sollte die Reliquie zu einer früheren Zeit als das 14. Jahrhundert dort gewesen sein, denn seit 1356 ist der Verbleib im französisch-italienischen Raum angeblich lückenlos verbrieft.

1975-1978: Der US-amerikanische Physiker Professor John Jackson trommelte eine kleine Schar von Wissenschaftlern für ein freiwilliges Projekt zusammen. Gegenstand der Untersuchung war das Grabtuch auf der Basis der Fotos von 1931 und 1973.

Jacksons Enthusiasmus wurde nicht sofort von allen Beteiligten geteilt. Zwei Wissenschaftler, die zu dem Zeitpunkt die Landung der *Viking*-Sonden auf dem Mars vorbereiteten, waren der Ansicht, das Grabtuchbild in kürzester Zeit als ein Gemälde zu entlarven. Sie waren verblüfft, weil sie keinerlei Spuren einer Zeichen- oder Maltechnik fanden. Das Bild weist weder Konturen noch Pinselstriche oder Farbmaterial auf.

Das verrückteste Ergebnis lieferte ein Bildanalyse-Computer. Dieser wurde entwickelt, um 3-D-Bilder von realen Höhen und Tiefen darzustellen. Der Computer aus der Weltraumforschung war dafür gedacht, Lichtsignale zu sammeln und zur Erde zu senden. Dabei werden dunklere und hellere Lichtsignale als jeweils ferner oder näher interpretiert und in ein dreidimensionales Bild umgewandelt. Ganz wichtig ist: Das funktioniert grundsätzlich mit keinem Foto und ohnehin mit keinem Gemälde, auch wenn sie Licht und Schatten zeigen oder suggerieren! Nur dann, wenn echte Höhen und Tiefen durch mehr oder weniger Licht angegeben sind, kann der Computer ein 3-D-Bild produzieren. Und genau das tat der Rechner.

1978: Das Grabtuch wurde in Turin ausgestellt und die Jackson-Crew erhielt die Erlaubnis für einen 120-Stunden-Untersuchungsmarathon direkt am Objekt nach dem Ende der Ausstellung. Demnach soll gelten:

Laut Elektronenmikroskop, UV-Fluoreszenz-, Infrarot- und Röntgenstrahlen sowie mikrochemischer Analysen mit verschiedenen Reagenzien kamen für die Produktion des Bildes weder Farbe noch pflanzliche, tierische oder mineralische Substanzen zum Einsatz. Es ließen sich nicht die geringsten Spuren einer maltechnischen Herstellung des Bildes finden. Wäre das Bild durch Malfarben, Dampf, Schweiß oder Begräbnisspezereien entstanden, dann wäre das Fremdmaterial in die Flachsfasern eingedrungen und durch Aufsaugen weitergeleitet worden. Es gibt aber keine Anzeichen von Kapillarität in der Bildregion. Also entstand das Bild offenbar durch einen trockenen Prozess. Ab hier stehen die Wissenschaftler vor einem Rätsel.

Ebenso verblüffend ist der Oberflächencharakter des Tuchbildes. Es sind nur die obersten Spitzen einzelner Fasern betroffen, und das auch nur auf der dem Körper zugewandten Seite des Tuches. Die Flachsfasern eines einzelnen Fadens haben einen Durchmesser von nur 1/60 bis 1/100 mm. Erstens sind nur die Faserspitzen verfärbt, zweitens sind nicht alle Faserspitzen verändert. Wo das Bild dunkler erscheint, sind einfach nur mehr Fasern pro Fläche berührt. So wurde der bereits erwähnte 3-D-Effekt erzeugt. Mit keinem Pinsel dieser Erde hätte ein Mensch zur damaligen Zeit so dünne Faserspitzen einzeln bemalen können, ohne eine Faser daneben zu berühren.

Weil die Intensität der Tönung auf dem Tuchbild exakt dem Abstand des Körpers unter dem Bild entspricht, verhalten sich auch alle Bildspuren wie senkrecht projiziert. Die seitlichen Körperpartien fehlen. Das ist wichtig, denn insofern ist das Bild <u>nicht</u> der direkte Abdruck eines eingewickelten Körpers, denn dann müsste es im ausgebreiteten Zustand verzerrt erscheinen.

Die Verfärbung der Faserspitzen beruht offenbar auf Sauerstoffzufuhr und Wasserstoffentzug. Das ist der normale Vergilbungsprozess von Leinen. Zudem haben die vergilbten Faserstücke eine beschädigte, korrodierte Oberfläche. Auch das entspricht einer fortgeschrittenen Alterung. Doch keine uns bekannte Ursache kann durch Licht oder Hitze lediglich die obersten Faserspitzen versengen, ohne dabei tiefer in den Faden einzudringen. Man führte zahlreiche Tests durch, um die Bildentstehung zu imitieren. Das war unmöglich. Offenbar war es ein kontrollierter, trockener, extrem kurzer Prozess unterhalb von 200° C, der <u>vollkommen senkrecht</u> wirkte und <u>einen 3-D-Code</u> im perfekten <u>Fotonegativ-Bild</u> hinterließ.

Das Blut! Bereits lange vor diesen Untersuchungen machten Ärzte, Gerichtsmediziner, Chirurgen und Anatomen anhand der Enrie-Bilder von 1931 positive Aussagen zu den Blutflecken. So unterschied man bereits 1939 arterielles von venösem Blut auf dem Körperbild. Man stellte einen authentischen Blutfluss und anatomisch korrekte Wunden fest und man identifizierte Blut auf dem Tuch aus vier verschiedenen Perioden über einen Zeitraum von circa zwölf Stunden.

Die Wissenschaftler um Professor Jackson bescheinigten den optischen Befunden die Richtigkeit. Zudem wurde festgestellt, dass es sich um menschliches Blut der Blutgruppe AB+ handelt.
Äußerst interessant ist: Die Blutflecken weisen im Gegensatz zu den Körperbildspuren einen Kapillarfluss im Tuchgewebe auf.

Weiterhin interessant ist: Unter den Blutflecken befinden sich keine Körperbildspuren. Offenbar waren die Blutflecke vor dem Körperbild entstanden, und nach der Bildentstehung gelangten keine neuen Blutflecke auf das Tuch.

Mysteriös dabei ist: Der Körper musste das Tuch auf eine Weise verlassen haben, bei der es zu keiner noch so geringsten Verschmierung des noch nassen Blutes gekommen war.

Die Münzen! Das 3-D-Bild des Bildanalyse-Computers ließ annehmen, dass auf den Augen des Leichnams jeweils eine Münze lag. Professor Francis L. Filas, ein Numismatiker von der Loyola University in Chicago, gelang es 1980, ein Münzabbild über dem rechten Auge nachzuweisen. Die Münze wurde im Auftrag des Pontius Pilatus geprägt, und zwar nur zwischen 29 und 31 nach Christus. Die abgebildete Münze weist einen Prägefehler auf, der nur im Jahr 29 vorkam. Heute sind nur drei Exemplare dieser Fehlprägung bekannt. In einem speziellen Verfahren überlagerte man das 3-D-Münzbild des Tuches mit einem Fotobild der Originalmünze. Es konnten vierundsiebzig Übereinstimmungsmerkmale ausgezählt werden. Die Münze auf dem linken Auge entspricht mit dreiundsiebzig Übereinstimmungsmerkmalen der so genannten *Julia-Münze*, damals seit dem Jahr 29 nach Christus in Palästina in Umlauf. Offenbar sollen die Münzen das Alter des Grabtuches zur Zeit Jesus' ansiedeln. Immerhin lokalisiert die Pollenanalyse den Großraum Jerusalem vor dem 14. Jahrhundert.

1983: Der Vatikan trat nach dem Tod des letzten italienischen Königs aus dem Hause Savoyen (Umberto II.) das Erbe des Tuches an.

1988: Das Ergebnis einer C14-Altersbestimmung wurde bekanntgegeben. Demnach soll das Grabtuch aus der Zeit zwischen 1260 bis 1390 stammen. Allerdings hatte der die C14-Analysen leitende Oxford-Professor Christopher Ramsey erst vor sechs Jahren mögliche Fehler in der damaligen Datierung eingestanden und erklärt, dass schon zwei Prozent Verunreinigung des untersuchten Leinens die Datierung um rund tausendfünfhundert Jahre verfälscht haben könnten. Nach neuesten Untersuchungen sollen Wissenschaftler verschiedener italienischer Universitäten darin übereinstimmen, dass das Grabtuch sehr wohl aus der Zeit Jesu stammen kann. Laut Infrarotuntersuchung, Raman-Spektroskopie und mechanischen Analysen liegt das Alter durchschnittlich bei 33 vor Christus (+/- 200 Jahre).

2010: Der rätselhafte 3-D-Effekt im Grabtuchbild wurde erneut bestätigt. Das britische 3D-Animations-Studio „Macbeth" unter der Leitung des 3D-Digitalillustrators und Animationsexperten Ray Downing arbeitete ein Jahr lang an der Computer-Darstellung des Grabtuchbildes. Das Ergebnis wurde zu Ostern 2010 vom US-Fernsehsender *History Channel* in einem Dokumentarfilm vorgestellt. Das Team um Downing hatte eine detailgenaue Fotografie in Originalgröße des Turiner Leinens als Arbeitsgrundlage. Wie bei keinem anderen Gemälde oder Kunstwerk, fand Downing im Grabtuch von Turin neben den offenkundigen zweidimensionalen auch dreidimensionale Informationen, mit denen sich das dimensionale Relief einer menschlichen Figur darstellen lässt. Downing kommentierte diesen Fakt mit den folgenden Worten: *Dieser Umstand ist sehr erstaunlich. Es ist fast so, als befinde sich in dem Bild eine Anleitung zur Erstellung einer Skulptur.*[19]

Ebenfalls im Jahr 2010 stellten Wissenschaftler von der nationalen italienischen Energie- und Umweltagentur (ENEA) ihre Forschungsergebnisse zum *Turiner Grabtuch* vor. Sie kommen letzten Endes zu

---

[19] http://nachrichten.freenet.de/wissenschaft/paranormal/3dexperten-rekonstruieren-turiner-grabtuch_1488794_533376.html vom 29.03.2010

dem gleichen Schluss wie die Untersuchungskommission von 1978. Demnach könnte das Tuchbildnis selbst mit unserer modernsten Technologie nicht reproduziert werden.

Das bedeutet: Wenn es kein irdisches Produkt sein kann, dann wäre es ein außerirdisches Erzeugnis. Dieser Aufwand wurde nicht betrieben, um einer irrealen Geschichte zu entsprechen. Tatsächlich ist das Tuch kompatibel mit der Passionsgeschichte. Offenbar wurde es so hergestellt, dass es den Anschein erweckt, der Körper Jesu sei durch das Tuch aufgestiegen.

Eine wichtige Frage schwebt noch im Raum: Warum hält das Tuch bereits seit so langer Zeit? Die Antwort lautet: Das Grabtuch ist mit einer Art „Bioplastikschicht" überzogen. Mikrobiologische Organismen sorgen für eine schützende Ablagerungsschicht. Es konnten drei Typen von Bakterien nachgewiesen werden, wovon eine Art bis dahin unbekannt war.

Nachfolgend sehen Sie das *Turiner Grabtuch* (4,36 x 1,10 m) auf der rechten Seite so, wie es sich original präsentiert. Das ist, wie wir nun wissen, ein Fotonegativ und weil zweimal negativ plus ergibt, zeigte das Fotonegativ nach der Filmentwicklung ein positives Bild (linke Seite). Wir sehen hier auch, dass das Blut, welches ja echt ist, dieses Wechselspiel korrekterweise nicht mitmacht. Auf dem regelrechten Tuchbild rechts zeichnet es sich dunkel ab. Auf dem Negativ der Fotografie wird es durchscheinend hell.

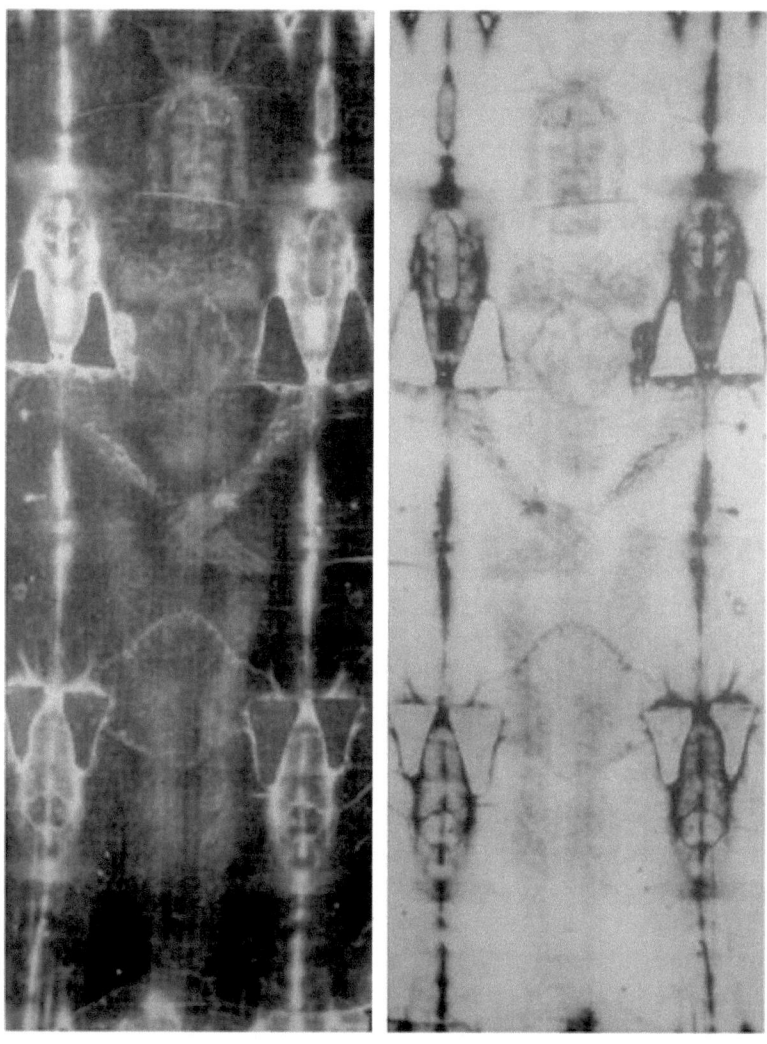

Das Grabtuch von Turin

B. Das *Schweißtuch der Veronika*[20]

Tod und Auferstehung werden mit dem Grabtuch hervorragend vor-
gespiegelt. Konsequenterweise fehlt ein Hinweis auf das ewige Leben, also ein Pendant zum Grabtuch mit dem Abbild des Grabtuchge-
sichts zu lebendiger Zeit. So ein Tuch existiert! Das ist der so genannte
Schleier von Manoppello mit dem angeblichen Antlitz Jesu. Es befindet
sich in der Kapuzinerkirche von Manoppello; das liegt östlich von Rom
in den Abruzzen. Für die Authentizität sollte es, wie das Grabtuch auch,

- eine rätselhafte Haltbarkeit besitzen,
- als nicht von Menschenhand geschaffen gelten,
- eine definitive Entsprechung zum Grabtuchgesicht aufzeigen,
- und es müsste aus dem Grab Jesu mehr oder weniger den gleichen Weg gegangen sein wie das Grabtuch auch.

Die Forschungen und die Ergebnisse dazu sind haarsträubend. Einer
der drei Ermittler heißt Paul Badde. Badde ist Journalist. Seit dem Jahr
2000 ist er Korrespondent der Tageszeitung *Die Welt*, zuerst in Jerusalem, heute in Rom und beim Vatikan.

Die Erste, die das Tuch wiederentdeckte, ist Schwester Blandina. Die
studierte Pharmazeutin gehört einer asketischen Gemeinschaft mit
strengen Schweigeregeln an. Sie hat entdeckt, dass das Lebendge-
sicht auf dem *Schleier von Manoppello* dem Gesicht auf dem *Turiner
Grabtuch* entspricht.

Pater Heinrich Pfeiffer, Professor an der päpstlichen Universität Gre-
goriana, ist der Überzeugung, dass der *Schleier von Manoppello* das

---

[20] Auf der Grundlage von Badde, Paul: *Das Göttliche Gesicht im Muschelseidentuch
von Manoppello*, Christiana Verlag, erweiterte Neuausgabe, Kisslegg 2011, und
Dr. van den Hövel, Markus: *Der Manoppello Code. Edition 2011*, Books on Demand,
Norderstedt 2011

Schweißtuch der Veronika ist und dass es während des Neubaus des Petersdoms spätestens zu Beginn des 17. Jahrhunderts abhandenkam. *Veronika* leitet sich von *Vera ikon* ab, zu Deutsch: wahres Bild. Darüber entstand die imaginäre biblische Frauengestalt namens Veronika.

Der *Schleier von Manoppello* ist offiziell wissenschaftlich noch nicht untersucht. Das tut den methodisch erhobenen Erkenntnissen keinen Abbruch. Bis vor wenigen Jahren war nicht bekannt, aus welchem Material das Tuch besteht. Das Tuch besteht aus Byssus und wurde mit einer nicht nachvollziehbaren Perfektion gewebt. Die *Bibel* berichtet in dreiundvierzig Versen von Byssus. So war es zum Beispiel eine Vorgabe Gottes bei der Ausgestaltung des Zeltes um die Bundeslade und bei der Priesterbekleidung. Die Byssusfäden stammen von der bis zu 90 cm großen Edlen oder Großen Steckmuschel. Die Tiere verankern sich mit Fäden im sandigen Boden. Die Fäden sind feiner als Seide und trotzdem reißfest und resistent gegen Feuer, Säuren und Laugen. Byssus wird seit siebzig Jahren nicht mehr kommerziell gefertigt.

Die Byssusfasern nehmen keine Farbe an. Sie können zwar mit aquarellähnlichen Techniken bemalt werden, doch würden die engen Maschen nur Verwischungen hervorrufen. Ebenso könnten Sie versuchen, mit Wasserfarbe in einer nagelneuen Teflonpfanne ein Portrait zu malen. Ohnehin erkennt man unter dem Mikroskop keine Farbspuren im Gewebe, die für das Bild insgesamt verantwortlich zeichnen. Gleichwohl existieren wenige Farbpigmente. Würde man diese jedoch für die Bildentstehung verantwortlich machen wollen, dann wäre das genauso dumm, als wenn man über einen klitzekleinen blauen Fremdlackabrieb am Kotflügel eines gelben Autos einen insgesamt blauen Pkw definieren wollte. Nebenbei bemerkt: Dem ZDF ist diese unsägliche Dummheit gelungen! Am 6. April 2007 widmete der Fernsehsender dem Muschelseidentuch eine einstündige Sendung. Getreu dem Motto, dass nicht sein kann, was nicht sein darf, suggerierte man dem Zuschauer, dass der vollkommen irrelevante „blaue Fremdlackabrieb" das Auto an keiner Stelle mehr gelb sein lässt. Für tiefergehende

Erklärungen zu dieser unglaublichen Volksverdummung möchte ich Ihnen dringend das Buch eines Vorsitzenden Richters am Landgericht Bochum ans Herz legen.[21] Er ging ebenso unvoreingenommen und zunächst kenntnislos an das Muschelseidentuch heran wie ich an den Gott unseres Monotheismus.

Schwester Blandina verifizierte einen schon vielmals in Italien ausgesprochenen Verdacht. Das Gesicht auf dem *Schleier von Manoppello* entspreche dem Gesicht auf dem *Grabtuch von Turin*. Ihre Forschungsarbeit begann Anfang der 80er Jahre laienhaft mit einfachen Hilfsmitteln. Heute vermessen Computerprogramme beide Tuchgesichter biometrisch. Das Ergebnis ist brisant: Beide Gesichter sollen in jeder Einzelheit übereinstimmen. Schwester Blandina weckte weltweit das Interesse der mit dem *Turiner Grabtuch* beschäftigten Wissenschaftler.

So überprüfte Professor Andreas Resch von der Päpstlichen Lateranuniversität Rom die Deckungsgleichheit der Gesichtssymmetrien. Die Entsprechungen beider Bilder seien hunderprozentig signifikant und lägen jenseits jeden Zufalls.

Professor Donato Vittore, Mediziner und Biologe an der staatlichen Aldo-Moro-Universität Bari in Süditalien, untersuchte das Muschelseidentuch mit dem Ansatz, es sei ein Kunstwerk aus Menschenhand. Mit einem Spezialscanner stellte er das Gegenteil fest: keine Farbbestandteile, Pigmente oder irgendwelche Ablagerungen auf und zwischen den Fasern. Keine Hinweise auf Färbung der Fasern vor dem Weben. Das Bild schwebt quasi substanzlos im Gewebe und weist sogar holografische Eigenschaften auf, obwohl es keine Holografie im fototechnischen Sinne ist. Es wird unsichtbar im Gegenlicht und bei indirekter Beleuchtung wechselt es je nach Beleuchtungsart und Betrachtungswinkel die bronzenen Farbtöne und die Konturen des Gesichts. Etliche Maler verzweifelten daran und brachten keine Kopie zustande.

---

[21]   van den Hövel, Seite 60 ff.

Vittores Erstaunen wurde durch seine Wood-Licht-Untersuchung noch gesteigert. Die Untersuchung mit UV-A-Licht muss den *Schleier* nach physikalischen Gesetzen ansprechen lassen. Aber das Licht geht entgegen den Naturgesetzen ins Leere; also keine Reaktion auf die UV-A-Lichtquelle. Angeblich darf das nicht sein und doch war es so.

Wenn das *Grabtuch von Turin* aus dem Grab Jesu stammen soll und wenn das Muschelseidentuch dem Grabtuchgesicht entspricht, dann sollte es auch den gleichen Ursprung haben.

Der erste Hinweis auf das Tuch könnte tatsächlich im Johannesevangelium angelegt sein. Dort heißt es:

Simon Petrus ging hinein in die Gruft und sieht die leinenen Tücher liegen, und das Schweißtuch, welches auf seinem Haupte war, nicht bei den leinenen Tüchern liegen, sondern besonders zusammengewickelt an einem Orte. Dann ging nun auch der andere Jünger hinein, der zuerst zu der Gruft kam, und er sah und glaubte. Denn sie kannten die Schrift noch nicht, dass er aus den Toten auferstehen musste. (Johannes 20,6 ff)

Die Jünger finden also das Grab leer vor und sehen <u>die</u> Tücher, das heißt mehr als eins, auf der Totenstätte und <u>ein</u> Tuch, welches zuvor wohl <u>auf</u> seinem Haupte war, abseits gelegen.

Grundsätzlich sind bezüglich der Liegestätte doch nur zwei Tücher denkbar:

Einerseits das große Tuch, in dem der Körper nach orientalisch-jüdischer Weise eingeschlagen wurde, und andererseits ein Schweißtuch, welches man sinnvollerweise unterhalb des großen Tuches um den Kopf schlagen würde. Tatsächlich gibt es das *Schweißtuch von Oviedo*, aufbewahrt in der Kathedrale San Salvador in Oviedo im spanischen Asturien. Das Tuch ist seit 1989 gut erforscht. Das Ergebnis lautet: Das Grabtuch und das *Schweißtuch* gehören zusammen. Man kann sie passend übereinanderlegen und sie erzählen wechselseitig von ein und derselben Sache.

Nehmen wir das mal so hin. Das *Grabtuch* und das *Schweißtuch von Oviedo* entsprechen damit der geforderten Mehrzahl an leinenen Tüchern. Nun wissen wir aber irritierenderweise von einem dritten Tuch, abseits abgelegt mit einem Bezug zum Kopf Jesu. Halten wir das erst einmal fest.

Wir erfahren noch etwas: Obwohl die Jünger von der Auferstehungsklamotte noch nichts wussten, sahen und glaubten sie. Ja, was sahen sie dann und woran glaubten sie plötzlich?

Glaubten sie an einen Diebstahl? Unmöglich! Kein Mensch hätte damals schmuddelige Totentücher angefasst. Etwas Unreineres ist im Judentum kaum vorstellbar! Den Leichnam auswickeln und den nackten Körper stehlen – absolut abwegig. Wenn, dann hätte man ihn nochmals umwickelt und komplett mitgehen lassen.

Also war Jesus auf andere Art verschwunden. Allein mit den verlassenen Totentüchern hatten die Jünger aber nur ein Rätsel vor Augen. Das konturenlose Negativabbild auf dem Grabtuch war in der diffusen Grabkammer niemals der Grund für die plötzliche Glaubenseinsicht. Selbst wenn man annehmen möchte, dass die Jünger das große Totentuch angefasst und visuell inspiziert haben, dann hätte es zu dem Zeitpunkt doch keinen Anlass für eine solche gesetzeswidrige Untersuchung gegeben. Das schemenhafte Negativbild war also ganz sicher nicht der Grund für die plötzliche Glaubenseinsicht und für die Mitnahme der Tücher.

Irgendetwas Definitives und Unerklärliches muss den Jüngern die Scheu vor dem Toten genommen haben. Die Erklärung könnte lauten, dass in den Augen der Jünger kein Leichnam in den Tüchern lag. Wir haben doch den Hinweis auf das besonders zusammengelegte

Tuch abseits der Liegestätte mit einem Bezug zum Kopf Jesu. Ein Bild sagt mehr als tausend Worte. Ein unerklärliches Lebendbild Jesu in der Grabkammer hätte den Jüngern vorkommen müssen wie ein Abschiedsbrief mit den Worten: *Ich bin mal kurz weg, aber ich bin noch.*

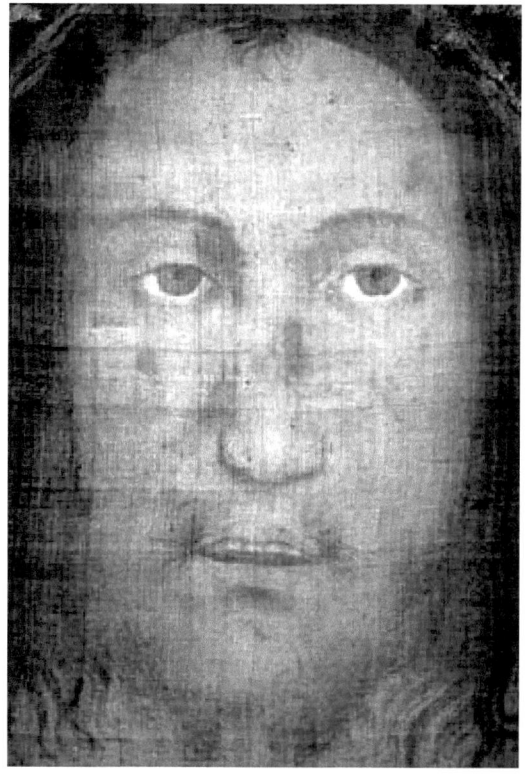

Das Muschelseidentuch von Manoppello (Vera ikon). Quelle: Public domain.
Geben Sie sich nicht mit diesem schwachen Bild zufrieden. Nur wer es im Original
sowie des Öfteren und zu verschiedenen Zeiten unter variierenden Blickwinkeln
und Lichtverhältnissen gesehen hat, soll das Bild quasi substanzlos und seltsam
facettenreich im Stoff „schweben" sehen. Ich habe es bisher noch nicht aufgesucht,
werde es aber möglichst nachholen, um die absolut glaubhaften Erfahrungen
anderer selbst zu erleben.

Dann aber stellt sich die Frage: Warum gingen die Jünger damit nicht an die Öffentlichkeit? Zwei Riesenprobleme hinderten sie daran: Neben dem Berührungsverbot für die Totentücher gab es das stringente jüdische Bilderverbot. Ein verbotenes Bild auf verbotenen Tüchern war die absolute Unmöglichkeit im Doppelpack. Das hätte man der Öffentlichkeit nicht verkaufen können. Die Tücher mussten zunächst geheime Wege nehmen. Schauen wir uns die überlieferten Stationen an.[22]

6. Jahrhundert – Ägypten (Memphis): Ein anonymer Pilger aus dem italienischen Piacenza berichtete Folgendes: *In Ägypten/Memphis war ein Tempel, der jetzt eine Kirche ist. Dort sahen wir ein Tuch, auf dem das Bild des Heilands ist, der, wie man sagt, damals sein Gesicht damit abgewischt habe und darin sei das Ebenbild von ihm selbst geblieben. Auch wir haben zu ihm gebetet, aber wegen des Glanzes hatten wir nicht genau darauf schauen können, weil es sich in den Augen veränderte, während man darauf schaute.*

Genau das finden wir heute in Manoppello vor. Ein Tuch mit dem Bild Jesu und dem Phänomen der ständigen Veränderung je nach Lichteinfall und Betrachtungswinkel bis hin zum kompletten Verschwinden des Bildes.

6. Jahrhundert – Tiflis (heutiges Georgien): Erst in den 70er Jahren des letzten Jahrhunderts entdeckte ein flämischer Jesuit einen Text aus dem 6. Jahrhundert, in dem ausdrücklich vom Bild des Erlösers die Rede ist. Demnach erhielt die Mutter Jesu ein Bild ihres Sohnes, welches im Grab entstanden war. Sie behielt es alle Zeit bei sich, damit sie das *wundersam schöne Gesicht ihres Sohnes* immer wieder betrachten konnte. Dazu spannte sie das Bild nach Osten hin auf und betete davor mit Blick auf ihren Sohn.

---

[22] Badde, Seite 117 ff.

Mehr als einmal nahm man an, dass nur vom Grabtuch die Rede sein konnte. Mit Blick auf den *Schleier von Manoppello* sollten wir uns aber fragen: Wenn Maria ein Tuch mit dem ausdrücklich wundersam schönen Gesicht ihres Sohnes aufspannte, dann handelte es sich eher um den *Schleier von Manoppello* als das schemenhafte Leichnambildnis auf dem nur schwer zu handhabendem 4 Meter langen Grabtuch. Und wem sonst, außer Maria, hätten die Jünger das Muschelseidentuch rechtmäßigerweise geben sollen?

574 – Konstantinopel: Das Tuch gelangte über Kamuliana nahe der Stadt Edessa nach Konstantinopel. Zu Kamuliana existiert nur die gleichnamige Legende, nach der eine Frau in einem Brunnen ein Tuch im Wasser fand. Sie zieht es heraus und es ist augenblicklich trocken. Das Tuch zeigt das Bild Christi und es ist weder von Menschenhand gemalt noch gewebt.

Das Tuch in Manoppello hat einen Bezug zum Wasser und es suggeriert die genannten Attribute.

695 – Konstantinopel: Der byzantinische Kaiser Justinian II. wurde ins Exil verjagt. Danach muss das Tuch verschwunden sein, weil er es nach der Rückeroberung im Jahr **705** auf Biegen und Brechen zurückhaben wollte, aber nicht fand. Merkwürdigerweise ließ Papst Johannes VII. zeitgleich im alten Petersdom eine Marienkapelle bauen, die er dem „wahren Bild" verdankte und nach der *Veronika* benannte. Im Jahr **753** taucht in der Chronik der Päpste ein „nicht von Menschenhand gemachtes" (*Vera ikon*) Christusbild auf. Rund zweihundertundfünfzig Jahre später wurde einem so genannten *Schweißtuch* ein Altar in der Marienkapelle geweiht und weitere einhundertzweiunddreißig Jahre später wird das Tuch *Schweißtuch der Veronika* genannt.

1204: Die Byzantiner hatten keine Macht mehr in Konstantinopel und damit versiegten auch die mittlerweile 500 Jahre alten Besitzansprüche auf das Tuch. Passenderweise verfügte der Papst Innozenz III. fortan eine jährliche Prozession mit der Zurschaustellung der *Veronika*. Damit war das Tuch ab **1208** in Rom bestätigt.

Möglicherweise war das Tuch bis zu dieser Zeit aber gar nicht in Rom, sondern weiterhin in Konstantinopel versteckt. Immerhin wurde das Grabtuch ja auch erst nach **1204** von venezianischen Expertentrupps geraubt. Tatsächlich gibt es eine Spur für diese Annahme, denn noch im Jahr **1157** beschrieb der dänische Abt Nicolas Bergthorson, wie ihm im byzantinischen Konstantinopel in der kaiserlichen Palastkapelle zwei Reliquien aus dem Grab Christi gezeigt wurden, und zwar ausdrücklich ein Grabtuch und ein Portrait.

1506: Ein Himmelsbote soll das Tuch nach Manoppello gebracht haben. Die Geschichte dürfte eine Schutzbehauptung der Manoppellesi sein, denn knapp hundert Jahre später wurde der *Schleier* noch einmal in Rom öffentlich gezeigt. Der Grund für die sicherlich falsche Geschichte erklärt sich gleich.

1608: Im Zuge des Neubaus des Petersdoms wurde der angeblich größte und gewaltigste Tresor auf Erden nur für den *Schleier* fertiggestellt und das Tuch wurde angeblich vom alten Petersdom in den neuen Hochsicherheitstrakt überführt. Heute zweifelt kein Insider mehr daran, dass es spätestens bei dieser Gelegenheit Richtung Manoppello verschwand.

1617: Es erging urplötzlich das päpstliche Verbot, eigenständig Kopien der *Veronika* anzufertigen. Bis zu dieser Zeit blühte die Ikonenmalerei mit dem Konterfei des *Vera ikon*. Dabei waren insbesondere die offenen Augen markant, aber auch die kleine Stirnlocke und der lichte Bart waren kennzeichnend.

Elf Jahre später: Papst Urban VIII. verfügte über das Malverbot hinaus, dass nun auch alle Kopien der römischen *Veronika* nach Sankt Peter in

Rom zurückgegeben werden mussten, und zwar unter Androhung der Exkommunikation. Erst ab diesem Zeitpunkt wurde auf allen fortan in Rom angefertigten Kopien der *Veronika* Jesus nur noch fälschlich mit geschlossenen Augen dargestellt.

1646: Manoppello kommt zum Zuge. Der dortige *Schleier* wird in einem notariellen Akt aufgrund der schon erwähnten Himmelsboten-geschichte zu einem seit **1506** zum Ort gehörenden Original erklärt. Damit konnte der *Schleier von Manoppello* nicht zu den geforderten Kopien gehören. Und – ganz wichtig – falls jemand auf die Idee gekommen wäre, auszusprechen, dass das echte *Vera ikon* aus Rom entwendet wurde und in Manoppello sei, hätte man dem entgegenhalten können, dass der beurkundete Ursprung des Manoppello-Bildes weit vor der letzten öffentlichen Zurschaustellung in Rom lag. Somit war man über jeden Verdacht erhaben.

2005 – Petersdom: Nach etlichen erfolglosen Anträgen erhielt Paul Badde für ihn selbst überraschend im März 2005 die Ausnahmege-nehmigung für die Besichtigung des *Schweißtuches* im Tresorraum des Petersdoms. Was er zu sehen bekam, war ein

… fleckiger, dunkler, grau-schmutziger Stoff ohne jede Kontur … das Bild ist eine Ruine … ein Rätsel, was es jemals war oder gewesen sein mochte … wenn das jemals ein gemaltes Bild gewesen sein sollte … war das Material … einfach zu minderwertig oder die Farben, falls je welche darauf waren.[23]

---

[23] Badde, Seite 274

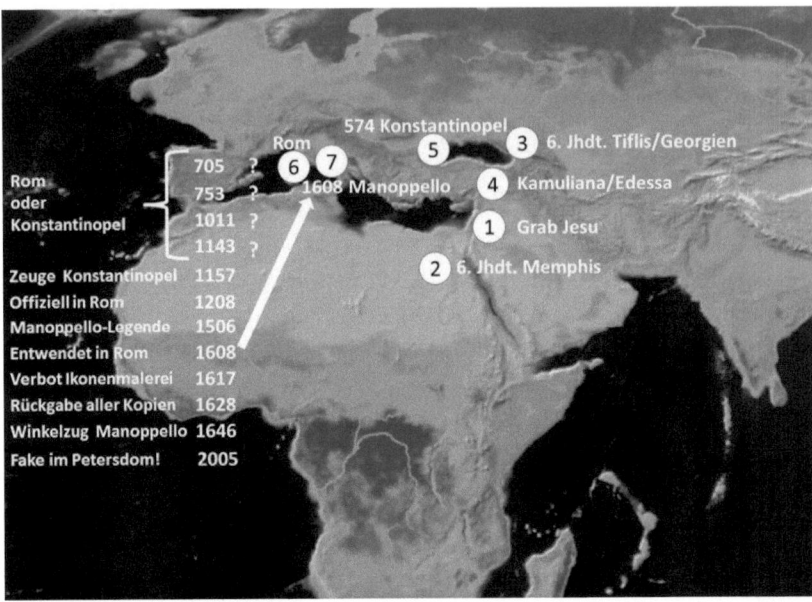

Der Weg des Vera ikon; © Hubert Berghaus

Eine neue Betrachtung zur Dreifaltigkeit

Abschließend möchte ich auf eine eigene Interpretation der göttlichen Dreifaltigkeit hinweisen. Denken wir noch einmal an das laut dem Johannesevangelium abseits der Liegestätte besonders zusammengelegte Tuch mit einem Bezug zum Kopf Jesu. Für die Glaubenden ist es ein von Gottes Geist geschaffenes Tuch, mit dem die Einigkeit Jesu mit Gott suggeriert wird. Das wäre die bildliche Darstellung der Trinität.

Möglicherweise ist der *Schleier von Manoppello* nichts Geringeres als die Dreifaltigkeit. Interessanterweise geht die Tuch-Odyssee in Edessa zeitlich mit dem Beginn der Trinitätslehre grundsätzlich einher und seitdem kursiert die griechische Bezeichnung *tetrádiplon* für das Muschelseidentuch. Der Begriff weist eindeutig auf vier Falten hin, im Sinne von ein vier Falten habendes Tuch.

In der Tat weist das Tuch vier Falten auf. In der Mitte eine Längsfalte von oben nach unten und am oberen Drittel, in der Mitte und am unteren Drittel jeweils eine Querfalte. Auf der Stirn haben die kreuzenden Linien sogar zu einer unwesentlichen Beschädigung des Gewebes geführt. Falten wir das Tuch doch einmal ebenso (siehe Grafik), dann stellen wir fest, dass dreimal falten vier Falten ergibt.

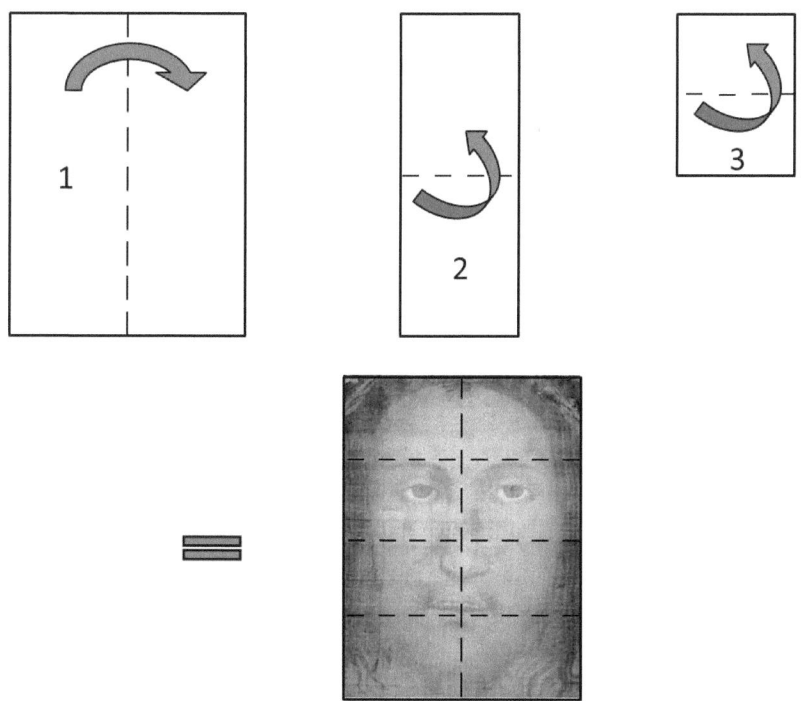

Was spräche gegen die Vermutung, dass führende Kleriker anfänglich über das von Gott gegebene, dreimal gefaltete Tuch den Begriff von der Heiligen Dreifaltigkeit eben im wahrsten Sinne des Wortes entstehen ließen und zu späterer Zeit die wahre Ursache für die Begriffsfindung verschleierten? Das Verbot der Ikonenmalerei und die

Einforderung aller Kopien nach dem Vorbild des Muschelseidentuches unterstützen die Annahme einer Verheimlichung.

Fazit

Auf der Suche nach God's own Country

Eine kleine Rasterfahndung

Bild: © Hubert Berghaus

Wie steht es nun um Gottes Wiederkehr? Das Zeitalter der Raumfahrt ist angebrochen, wir betreiben Exoplanetenforschung und die wissenschaftlichen Erkenntnisse über unser vierdimensionales Universum lassen uns in Szenarien abtauchen, in denen der von mir beschriebene Gott keine größere Verwunderung auslösen kann als ein Kondensstreifen am blauen Himmel.

Denken Sie noch einmal an die Antworten auf die ersten beiden Grundsatzfragen. Die Annahme eines Protektorats Gottes unter der Eigenverwaltung irdischer Machthaber ist aus ökonomischen Gründen grundsätzlich nicht von der Hand zu weisen. Dafür muss der von Gott favorisierte Verwalter der Erde (der Global Player) mit seiner wirtschaftlichen, politischen und militärischen Macht das maßgebliche Erdenpersonal (die führenden Staaten) am Gängelband halten.
Was würde das im Einzelnen bedeuten? Wir suchen einen unumschränkten Staat mit Alien-Bezug, eine Art Weltpolizei

- mit Schirmherreneigenschaft über Israel und Ägypten,

- mit Geld, viel Geld, denn „Geld regiert die Welt". Damit ist das Bankenwesen gemeint. Das Bankenwesen ist keine Fortsetzung des Muschelgeldes, der Sesterzen oder ähnlicher Hilfsmittel in der Antike. Das Bankenwesen resultiert tatsächlich aus der gottverdächtigen Templerszene. Der Bündnispartner müsste eine Verbindung zu diesen Gründungsvätern aufweisen und die Weltleitwährung stellen,

- mit der Möglichkeit des großen Lauschangriffes, möglichst rund um den Erdball. Ebendieses probate Fernziel Gottes wird bereits in Matthäus 6,6 ausgesprochen:

Du aber, wenn du betest, so geh in deine Kammer und, nachdem du deine Tür geschlossen hast, bete zu deinem Vater, der im

Verborgenen ist, und dein Vater, der im Verborgenen sieht, wird dir vergelten.

Für dieses Ziel namens „Wissen ist Macht" müsste von dem Bündnispartner Gottes ein weltweites Datennetz gesponnen werden und er müsste sich für diese gigantische Datenerhebung bis hinter die verschlossenen Türen über die Datenschutzgesetze hinwegsetzen,

- mit einer Gegenpoleigenschaft zu Russland; schließlich hat Gott in Fatima keinen Hehl aus dem Konkurrenten gemacht,

- mit einer Art „Berg Sinai", das heißt, einem möglichen Ort für das Kommen und Gehen Gottes. Vom biblischen Sachverhalt am Berg Sinai wissen wir, dass Gott vor den Augen seines auserwählten Volkes mit Rauch, Donner, Blitz und Getöse landete. Wenige Auserwählte durften Gottes Gefährt besichtigen und wir erfahren in der *Bibel* sogar unstrittig von Glas in Scheibenform an der göttlichen Erscheinung. Auffällig war die Verfügung Gottes, dass aus dem gewöhnlichen Volk unter Bedrohung des Lebens niemand das Areal betreten durfte.

Der moderne Bündnispartner müsste für Gottes Kommen und Gehen etwas Ähnliches in petto haben. Ein öffentliches wie aber auch geheimes Areal mit für alle Augen sichtbaren, ungewöhnlichen Flugbewegungen und einem Betretungsverbot für die Allgemeinheit unter Androhung des Todes.

Wie heißt es so schön:
Stumpf ist Trumpf!

Schlusswort

Punktum! Und damit möchte ich einen konsequenten Gedanken anstoßen. Kein normal aufgeschlossener Mensch streitet die wohl anzunehmende Existenz von unzähligen Intelligenzen in unserem Universum ab. Gleichwohl denke ich realistisch und glaube entgegen allen physikalisch denkbaren Möglichkeiten, mit denen die Lichtgeschwindigkeit in unserem vierdimensional gestrickten Weltall überlistet werden könnte, nicht daran, dass vor unserer kosmischen Haustür ein Betrieb herrscht wie auf einem Alien-Verschiebebahnhof. Das gilt insbesondere dann, wenn Gott als eine reale Macht erkannt werden kann, die andere galaktische Interessenten von uns fernhalten dürfte.

Was will ich damit sagen? In der Prä-Astronautik[24] erkennt man Hinweise für die Besuche außerirdischer Intelligenzen in der Frühzeit der Menschheit, und das nicht zuletzt anhand der *Bibel*.

In der Exopolitik[25] geht man sogar von einer der Öffentlichkeit vorenthaltenen außerirdischen Präsenz auf der Erde aus.

In der Ufo-Forschung[26] spielt unter anderem der „We are not alone"-Aspekt eine Rolle.

---

[24] de.wikipedia.org/wiki/Prä-Astronautik
[25] de.wikipedia.org/wiki/Exopolitik
[26] de.wikipedia.org/wiki/Ufoforschung

© Hubert Berghaus

Insofern haben alle drei Arbeitsfelder eine gemeinsame Schnittmenge, nämlich außerirdische Intelligenzen. Sollte meine Hypothese stimmen, dann könnte diese Schnittmenge mit dem Namen „Gott" belegt sein; eben stellvertretend für den Gott unseres abrahamitischen Glaubens. Es ist nun mal ein Fakt, dass wir es von Adam über Henoch bis Fatima mit ein und demselben Täterprofil zu tun haben. Das bedeutet ein und dieselbe Politik bei einer gleichbleibenden Ideologie mit wiederkehrenden Strukturen. Dieses menschenunmögliche Werk ist Profiarbeit; das ist der Ancient Alien namens Gott.

Und nun? Angenommen es wäre so – und vieles spricht dafür –, was brächte uns dieses Wissen? Wir könnten doch nichts ändern. Immerhin bringt Matthäus 6,9 es mit dem *Vaterunser* auf den Punkt. Diese für Gehirnwäschen taugliche Gebetsformel ist übrigens nicht das Produkt der irdischen Priesterschaft. Der Überlieferung nach stammt dieser Gebetsauftrag von Gott persönlich. Demnach will er auf der Erde seinen Willen durchsetzen und so, wie man bereits im „Himmel" nach seiner Pfeife tanzt, so soll es auch auf der Erde geschehen. Und noch bevor er so gnädig ist und uns das tägliche Brot gönnt, sollen wir ihm unser Heil aussprechen. Das ist despotisch, aber so steht es im *Neuen Testament.*

Natürlich kann die breite Masse einem so mächtigen Diktator nichts entgegensetzen. Es würde aber genügen, wenn die abrahamitische Glaubensgemeinschaft die Enttarnung Gottes realisierte und den selbsternannten Schöpfer links liegen ließe. Die Konsequenz wäre so einfach, wie sie klingt: Damit wäre den Religionskriegen und vielen gesellschaftlichen Ungleichbehandlungen der Boden entzogen, weil jeder Mensch eine persönliche und gleichwertige geistvolle Anbindung an den, der, die oder das wahre GOTT im Universum für sich in Anspruch nehmen würde. Kein Mensch benötigt für seine Gebete und Wünsche an die wahre kosmische Intelligenz Geld fordernde, mit Stolen behängte Agenten. So hätte auch George W. Bush keinen Rückhalt im Volk erfahren, als er nach dem 11.09.2001 mit *missionarischem Eifer Außenpolitik und Religion vermengte. Bush sah sich als Präsident, der geradezu Gottes Wille erfüllte. Eine messianisch begründete Außenpolitik sollte doch alle Alarmglocken schrillen lassen.*[27]

---

[27] So die frühere US-Außenministerin Madeleine Albright im Gespräch mit Deutschlandradio Kultur vom 03.06.2006

Danksagungen

Mein Dank gilt Gisela Ermel und Paul Badde. Ohne deren hervorragende Recherchen zum *Grabtuch von Turin* (Gisela Ermel und Paul Badde) und zum *Vera ikon* (Paul Badde) hätte ich keine Subsumtion zu meiner Trilogie vornehmen können.

Im Besonderen bedanke ich mich sehr herzlich bei dem Schriftsteller Walter J. Langbein. Mit seinem jährlich in Bremen stattfindenden Seminar *Phantastische Phänomene* bot er mir die Plattform für drei Referatsstunden und dadurch entstand dieses Buch.